Une nouvelle France

© Copyright 1994. Nil Editions

Jacques Chirac

Une nouvelle France

réflexions 1

C'est le déclin
quand l'homme dit :
"Que va-t-il se passer ?"
au lieu de dire :
"Que vais-je faire ?"

Je dédie ces quelques réflexions aux jeunes Français nés après 1968.

Elle est peu ordinaire cette génération qui entre dans une vie à l'horizon incertain, mais qui y entre avec un certain sourire même si celui-ci masque souvent l'inquiétude. Une génération qui observe une société hostile sans pour autant en contester les fondements.
Et pourtant... Dans certaines banlieues où un jeune sur deux n'a pas de travail, on ne peut plus parler de crise de l'emploi, mais

bien d'une "désintégration sociale" comme le souligne Alain Touraine. Même angoisse dans un pays dont la capitale est obligée, face à la montée de la détresse et de la grande pauvreté, de créer un SAMU social pour effectuer les gestes les plus élémentaires de la solidarité. Un pays où l'illettrisme va croissant et touche près de deux millions des nôtres. Où le SIDA est omniprésent dans les esprits et de plus en plus dans les corps. Où la drogue s'infiltre partout de façon dramatique. Où la misère du monde envahit nos écrans. Où l'espoir s'atténue dans bien des coeurs au risque de décourager et de paralyser.

Et pourtant... Soeur Emmanuelle qui a connu si longtemps tous les désarrois des hommes me disait il y a peu : "Tu vois, jamais une époque n'a été aussi évangélique que la nôtre" et, devant mon étonnement, elle m'expliquait : "jamais la générosité et l'amour n'ont été aussi forts dans le coeur des jeunes".

Un poète arabe a écrit : "Fends le coeur d'un homme, tu y trouveras un soleil".

C'est vrai mais l'écorce peut être plus ou moins résistante. Nous sommes en un temps où celle qui entoure le coeur des jeunes est particulièrement mince et friable. Un geste simple peut la fendre et libérer d'étonnantes forces de solidarité capables de bousculer, sans haine, les conformismes et de promouvoir les changements qu'exige notre temps.

En un peu moins de quinze ans nous sommes passés de la démagogie de la facilité où tout paraissait possible à nos élites, à la démagogie de la difficulté où rien ne leur paraît possible.

C'est le déclin, énonce l'adage, quand l'homme dit "Que va-t-il se passer ?" au lieu de dire "Que vais-je faire ?"

Que vais-je faire ? Telle est bien la question qui se pose à chacun d'entre nous.

J'ai essayé d'apporter quelques éléments de réponse. Je n'ai, ce faisant, ni la prétention, ni d'ailleurs le désir, de passer en revue tous les sujets qui nous occupent ou nous préoccupent. Encore moins d'élaborer un projet de société.

Mon objectif, à partir de quelques exemples, est de faire partager ma conviction que, dans un environnement qui change, il n'y a pas de plus grand risque que de rester immobile. Que l'espérance, dont Bernanos disait qu'elle n'était que le désespoir surmonté, est un combat qui exige du coeur et de l'imagination. Que nous devons être optimistes dans nos ambitions et pragmatiques dans nos démarches. Que l'on doit avant tout combattre l'exclusion et réhabiliter la citoyenneté. Que l'on peut et que l'on doit rassurer nos compatriotes et leur donner à nouveau des raisons d'être fiers d'être Français.

Et que, pour cela, nous pouvons nous appuyer sans crainte sur l'ensemble de notre peuple et particulièrement sur les jeunes Français.

L'emploi avant toute chose...

Le chômage est notre tragédie.

5 millions de Français sont aujourd'hui privés d'emploi. Chômeurs ou "bénéficiaires" de mesures d'insertion ou de traitement social, ils vivent en fait d'une assistance qui n'est souvent que l'antichambre de l'exclusion. Pour eux, angoisses et souffrance. Pour notre société, mise en cause de sa cohésion. Pour notre pays, perte de substance et de richesse.

Experts et politiques disputent sur l'origine du mal. Est-ce le coût trop élevé du travail, la crise internationale, l'ouverture des marchés ou le dumping des pays en développement ? Doit-on s'en prendre à notre système d'éducation et de formation, à une politique monétaire trop rigoureuse, à une erreur d'appréciation qui nous a conduits à privilégier le traitement social du chômage par rapport à l'effort d'insertion ? On cherche, on analyse, on s'interroge.

Pendant ce temps là, un danger menace gravement les Français ; je veux parler du danger de la résignation, du refus de l'effort, puis de l'incapacité à le fournir. Prenons garde de ne pas nous installer dans l'acceptation de la décadence.

Il est sûr que le risque est grand de voir émerger une société divisée en classes d'un nouveau genre. Les privilégiés, qui ont un emploi garanti par un statut. Ceux qui ont la chance d'avoir un emploi mais qui ont peur de le perdre. Ceux qui sont au chômage, mais ont les moyens de l'assumer et la perspective d'en sortir. Ceux, enfin, de plus en plus nombreux, qui ont perdu l'espoir, puis la capacité de se réinsérer, et qui, désocialisés puis déstructurés, constituent une classe d'exclus, parias du monde moderne, sur lesquels les autres jettent un regard d'indifférence quand ce n'est pas de peur. Deux siècles après la Révolution française !

On pourrait être tenté, aux premiers frémissements de la reprise économique, de considérer que le pire est derrière nous et que, le temps aidant, la décrue s'amorcera et s'accélérera, sans autre intervention. Ce serait à mon point de vue une double erreur. D'abord rien n'est certain quant au rythme et à l'ampleur de la croissance attendue, même si tout laisse à penser que nous avons touché le fond du cycle dépressif.
Et puis, c'est l'essentiel, il ne faut pas se tromper d'époque et engager le mauvais combat. En vingt ans, tout a changé. Les problèmes d'emploi ne se posent plus dans les mêmes termes. Des puissances économiques concurrentes sont apparues, notamment en Asie. Les dépenses militaires liées à la guerre froide ont été réduites dans de nombreux pays, obligeant à des reconversions difficiles. Dans la plupart des branches,

la productivité a fait des progrès considérables. Chez les salariés, de nouvelles aspirations sont nées et, parmi elles, la volonté de mieux maîtriser leur temps de travail, de faire alterner des phases de formation, d'activité, de repos. Ce sera demain l'époque du "temps choisi" par rapport au "temps imposé".

De tous ces changements, dans l'environnement extérieur comme dans la psychologie de chacun, une politique nouvelle de l'emploi doit tenir compte. Mon impression est que les esprits ont mûri au cours de cette crise. J'en veux pour preuve les discussions que nous avons eues au cours de la campagne législative de 1993, prolongées par les débats au Parlement sur le projet de loi quinquennale du gouvernement. Je suis également attentif aux réflexions de certains syndicats ou de certains cercles d'entrepreneurs, qui ont compris qu'on ne recommencerait pas les Trente Glorieuses.

Dans ce contexte nouveau, je crois qu'il est possible d'accélérer la sortie de la crise et de reconquérir l'emploi.

A trois conditions.

– Comprendre que la lutte contre le chômage n'est pas une priorité parmi d'autres : c'est la priorité absolue, à laquelle tout doit être subordonné. La promotion de l'emploi est au moins aussi importante que la défense de la monnaie, la maîtrise de l'inflation, la réduction des déficits publics ou l'équilibre des comptes extérieurs. Nous avons trop longtemps considéré l'emploi comme le solde de notre politique économique.

– Renouveler modes de pensée et modes d'action, afin d'élaborer un nouveau contrat social. Substituer là où c'est possible la notion de "temps choisi" à celle de "temps imposé", c'est une révolution dans les mentalités. C'en est une autre de transformer une partie du coût du chômage, 400 milliards de francs, en actions d'insertion. Il est temps, par exemple, d'inciter les entreprises à embaucher des chômeurs, et notamment des cadres qui, pendant une certaine période, continueraient à être totalement ou partiellement rémunérés par les

ASSEDIC jusqu'à ce que leur intégration puisse être définitive. Nous savons bien qu'un chômeur représente en moyenne une charge de 120 000 francs par an pour la collectivité. Dès lors, chaque fois que l'on peut, pour un coût inférieur, favoriser la formation ou l'insertion d'un chômeur, le maintien ou la création d'une activité, il faut le faire. Dans mon esprit il s'agit d'autant moins de remettre en cause l'indemnisation du chômage que je suis l'auteur de l'ordonnance de 1967 qui l'a généralisée et a augmenté substantiellement son montant.

– Faire preuve, dans ce combat, d'une certaine modestie, parce qu'il n'y a pas de recette miracle. Mais aussi d'une volonté farouche pour vaincre les conservatismes et autres conformismes qui servent trop souvent d'alibi à l'inaction. Agissons autant que possible par expérimentation. Conçus à l'échelle nationale ou au niveau d'une profession, les nouveaux projets soulèvent parfois des tollés. Il en va autrement quand une expérimentation est menée au sein d'une entreprise ou d'une administration, dans la concertation et la sérénité.

On ne modifie pas, c'est vrai, la société par décret.

Quelles peuvent être, précisément, nos lignes d'action ? Je ferais six recommandations.

D'abord, il faut soutenir, accompagner, la reprise internationale qui se dessine. Au Gouvernement d'utiliser toutes les armes dont il dispose.
– Arme budgétaire. Nous pouvons financer des grands travaux d'équipement et de communication, comme le T.G.V.-Est qui permettra la création de 80 000 emplois. Soutenir le logement, notamment le logement social, et aider l'investissement industriel.

– Arme fiscale. Un impôt sur le revenu excessif pénalise l'initiative et dissuade la prise de risque. Il faut absolument réduire les impôts. Jeune Secrétaire d'État aux finances, alors que je présentais au Général de Gaulle mon projet de budget, il me demanda simplement : "quel est le taux des prélèvements obligatoires ?". Je répondis qu'il ne dépassait pas 37 %. "Tant mieux. A 40 %, on change de société." Tel fut le commentaire du Général. Depuis, à près de 45 %, nous avons changé de société. Il faudra tout faire pour revenir à des impôts plus raisonnables et moins paralysants.

– Arme monétaire. La solidité de notre monnaie permet aujourd'hui d'anticiper la baisse nécessaire des taux d'intérêt. N'oublions pas que la valeur du franc repose avant tout sur la force et donc la croissance de notre économie.

Deuxièmement, faisons en sorte que l'emploi redevienne un investissement rentable. Oublieux, enfin, des vieilles querelles idéologiques, chacun de nous se rend compte que l'emploi est un bien trop précieux pour être inconsidérément taxé. Réduisons donc, dans des proportions significatives, les charges qui pèsent sur les entreprises. Notamment la part des dépenses sociales financées par des cotisations salariales qui, par nature, freinent les recrutements et incitent aux licenciements.

L'orientation est claire : il faut financer par l'impôt les dépenses sociales qui relèvent de la solidarité et ne se conçoivent pas sans l'intervention de l'État. D'autant que le vieillissement de la population et la montée de l'exclusion les rendent de plus en plus lourdes. Faut-il avoir recours à une cotisation généralisée à l'ensemble des revenus, faire appel à la TVA, relever les droits indirects ? Faut-il créer une taxe sur la pollution telle qu'elle a été envisagée à la conférence de Rio en 1992, et à laquelle, pour ma part, je serais favorable ? Les experts en débattent. Ce qui est sûr, c'est qu'il ne faut plus attendre pour alléger les charges qui pèsent sur le travail. C'est le bon moyen pour redonner de l'aisance aux entreprises. C'est aussi l'une des conditions pour tirer les salaires vers le haut, comme en Allemagne, et faciliter ainsi la reprise de la consommation qui servira l'emploi.

En attendant, il faut, bien entendu, exonérer de charges sociales les personnes les moins qualifiées, les chômeurs de longue durée et les jeunes. Et de grâce, simplifions ces exonérations ! Aujourd'hui, la complexité des aides à l'emploi n'a d'égale que leur médiocre efficacité.

Troisièmement, aidons les entreprises à être plus "en phase" avec les attentes de leurs salariés, et plus "citoyennes" dans leur comportement. Nombreuses sont celles qui cherchent à introduire plus de flexibilité dans leur gestion de l'emploi, d'abord pour éviter les licenciements, ensuite pour répondre aux aspirations de "mieux vivre" de leur personnel. Elles ont raison. J'ai dit, et cela m'a été reproché, que nous avions poussé très loin, trop loin sans doute, la course à la productivité. Ce qui se justifie pour les industries fortement exposées à la concurrence internationale est plus difficile à admettre lorsqu'il s'agit d'activités de service relativement protégées, qui représentent la majeure partie de notre économie.

Il y a d'abord la rentabilité d'une activité. Il y a aussi sa valeur économique et son utilité sociale. Les entreprises, je le sais, ne licencient pas par plaisir. Mais celles qui le font au nom d'une conception sommaire de la productivité ne voient pas qu'elles augmentent ainsi les charges d'indemnisation du chômage, que supporte finalement l'ensemble de la collectivité. Elles vont à l'encontre de leur modernisation, oubliant que la compétitivité ne se réduit pas aux coûts directs de la production, a fortiori aux coûts salariaux. La qualité du produit, sa nouveauté, sa technologie, le service qui lui est attaché sont de plus en plus déterminants dans l'économie moderne.

Avant de se résoudre à réduire les effectifs, les entreprises ont tout intérêt à explorer les solutions alternatives. Elles existent. A la puissance publique de les rendre plus attractives. Temps partiel. Participation et intéressement. Mobilité géographique et professionnelle en échange d'une garantie d'emploi. "Temps choisi", c'est-à-dire possibilité d'alterner les périodes d'activité et les périodes consacrées à autre chose : formation, éducation des enfants, lancement d'un projet... Cessations progressives d'activité. Recours plus limité aux heures supplémentaires. Telles sont quelques-unes des possibilités. L'objectif est d'inciter par tous les moyens l'entreprise moderne à devenir une entreprise plus citoyenne.

Quatrièmement, faisons en sorte que notre économie crée - enfin ! - des emplois de service.

Triste spécialité française : notre croissance crée peu d'emplois. Si nous avions créé, à croissance égale, autant d'emplois que nos principaux partenaires dans les 10 dernières années, le taux de chômage serait aujourd'hui de 9 %, et non de 12 %. La différence n'est pas mince : 800 000 emplois, 800 000 personnes qui auraient eu leur chance. Cette originalité résulte notamment de la faible importance de nos activités d'aide aux personnes et de nos services de proximité. Le contraste, dans ce domaine, avec les États-Unis, l'Allemagne, les pays nordiques et surtout le Japon, est saisissant.

Ces activités répondent pourtant à des attentes fortes. Accompagnement des personnes âgées dépendantes. Aide aux handicapés. Garde des jeunes enfants dont les parents travaillent. Soutien scolaire. Amélioration de la vie dans les cités. Intégration des jeunes en difficulté. Protection de notre cadre de vie. Autant de besoins qui ne sont pas satisfaits.

Il ne s'agit pas de "petits boulots", mais de métiers qui participent d'une société plus conviviale, plus humaine. A l'État de les reconnaître, de les doter d'une formation professionnelle et d'un statut, évidemment sans rigidité excessive. Nous en parlons depuis longtemps, mais, malgré des mesures partielles, rien de décisif n'a vraiment été fait.

Pourtant, les idées ne manquent pas. Il faut maintenant les concrétiser, et privilégier les plus ambitieuses d'entre elles. Reconnaître un statut d'employeur au chef de famille, c'est-à-dire donner la possibilité à chaque ménage de déduire de son revenu imposable les salaires versés aux personnes qu'il emploie pour l'aider. S'agissant des familles qui ne sont pas assujetties à l'impôt sur le revenu, une allocation compensatrice serait versée par l'État. Cela représente un coût, mais bien inférieur à celui d'un chômeur. Il faut créer, j'y reviendrai, une allocation de grande dépendance permettant aux personnes âgées les moins autonomes d'être assistées dans leur vie quotidienne. Pourquoi ne pas encourager les petites entreprises et travailleurs indépendants qui offrent des services de proximité ? Pourquoi ne pas exonérer de charges sociales les associations ou les collectivités publiques qui créent des emplois pour améliorer notre environnement ou pour humaniser nos villes ? Dans tous ces domaines, bien des pays étrangers font mieux que nous. Prenons ce qu'ils ont de meilleur !

Cinquièmement, préparons mieux les jeunes à la vie professionnelle. Mon propos n'est pas de décrire ici les nécessaires réformes de notre système éducatif, qui devront faire l'objet d'un débat national en temps et lieux. Je le ferai le moment venu.

Je dirai simplement que l'on ne peut continuer à tout demander à l'école. Aujourd'hui, elle est investie de missions très diverses. Substitut de la famille, lieu d'apprentissage de la vie en société, lieu d'éveil, lieu de transmission du savoir : on attend tout de l'école, ce qui est le plus sûr moyen de ne rien obtenir d'elle.

A mes yeux, l'école doit d'abord promouvoir l'égalité des chances. Tout se joue dans le primaire. C'est là, parfois, que se créent des situations d'échec, qui conduiront, à 16 ou 18 ans, devant les portes de l'ANPE. Il est urgent de réhabiliter l'essentiel : la lecture, l'écriture, le calcul, l'histoire et la géographie, c'est-à-dire les apprentissages fondamentaux, mais aussi l'éducation civique et le respect de l'environnement. De définir plus généralement les connaissances qui devront être absolument acquises avant la sixième. De soutenir les enseignants et de mieux les former. De combattre les inégalités : moins d'élèves dans les classes, surtout dans les classes hétérogènes. Véritable soutien dès que les enfants "décrochent". Les techniques sont connues. Il y faut moyens et personnels, mais aussi un état d'esprit.

Tout se joue, aussi, dans l'enseignement professionnel qui ne remplit pas sa mission : préparer à la vie active. Bien sûr, il faut créer des filières plus performantes, avec des passerelles de l'une à l'autre, qui cassent la rigidité actuelle. Mais ne nous leurrons pas. Tant que l'enseignement professionnel sera géré par la seule Education nationale, qui privilégiera toujours le cursus "noble" au détriment du technique, rien ne changera. Il faut donc, pour valoriser l'enseignement professionnel, qu'il soit pris

en charge, certes par l'État, mais aussi par les entreprises, les professions, aidées par les collectivités locales. Chacun doit assumer ce qui est un devoir national de formation. Si, au lieu d'atterrir dans la section "chaudronnerie" d'un lycée d'enseignement professionnel, un jeune entre, après la troisième, dans un centre éducatif d'entreprise, où il pourra se spécialiser et, ultérieurement, trouver un emploi, la vision de son propre avenir sera tout autre.
L'utilisation des technologies nouvelles - trop souvent les enseignements techniques sont dispensés sur des matériels périmés -, des locaux convenables, et une coordination avec les enseignements professionnels des autres pays européens participeront de cette réforme. Là encore, il y a urgence.

Enfin, dernière ligne d'action : veillons à l'environnement européen. Dans cette croisade pour l'emploi, l'Union européenne peut nous aider... ou aggraver les dangers si elle demeure inerte. Nous aider en mobilisant ses facultés d'emprunt encore intactes pour de grands travaux d'intérêt commun, ce qui favoriserait la dynamique de la croissance. Nous aider en évitant des soubresauts monétaires incompatibles avec la libre circulation des produits. Combien d'emplois ont coûté à la France les dévaluations unilatérales de la livre, de la lire italienne et de la peseta ? Nous aider encore en usant de son influence pour recréer un système monétaire international stable, comme le fut celui de Bretton-Woods.

A l'Union européenne, enfin, d'ouvrir raisonnablement les marchés des pays développés aux pays de l'Est et du Sud. Enjeu capital : il s'agit de sortir de l'hypocrisie du GATT, et de concevoir une organisation internationale du commerce qui ne soit ni exagérément libérale, ni étroitement protectionniste. L'Union européenne n'est ni un moulin ouvert à tous les vents, ni une forteresse. Honnêteté de la concurrence, réciprocité des échanges, stabilité monétaire, tels sont les principes qui doivent présider à cette nouvelle organisation internationale. Les mettre en oeuvre, c'est défendre l'emploi en Europe. C'est aussi servir au mieux l'idée européenne.

Ces quelques orientations n'ont pas la prétention d'épuiser toutes les actions possibles pour lutter contre le chômage. Leur unique ambition : montrer que nos difficultés ne sont pas sans remèdes. Si dépendant qu'il soit de la croissance internationale, notre pays dispose de ses propres marges de manoeuvre. A nous de nous en servir.

Je n'ignore pas que ces propositions peuvent susciter objections et critiques. D'abord, le coût. "Avec quoi allez-vous financer tout cela ?". C'est une vraie question. Soyons clairs. Plusieurs de ces mesures requièrent bien davantage un changement de comportement de l'État ou des différents acteurs économiques que des dépenses nouvelles. Ainsi que je l'ai dit, l'un de nos objectifs, - et l'une des principales difficultés -, c'est de transformer, sans toucher, bien sûr, aux acquis sociaux, les actuelles dépenses passives d'indemnisation en dépenses actives d'insertion et de création d'emplois. Et puis, à situation exceptionnelle, moyens exceptionnels, comme l'a d'ailleurs compris le gouvernement qui a affecté en 1993 et 1994 une partie du produit des privatisations au traitement de l'emploi. L'enjeu exige que l'on ne se ferme aucune porte.

Enfin, dira-t-on, si ces prescriptions sont bonnes, pourquoi ne pas les avoir appliquées plus tôt ? C'est vrai. Mais il a fallu du temps pour comprendre la nature de la crise et admettre que nous n'en sortirions pas dans l'état où nous y sommes entrés. Aujourd'hui, le moment est favorable pour établir, ensemble, un nouveau contrat social. Je n'accepte pas l'idée que notre société soit bloquée et les Français viscéralement opposés à la remise en cause du statu quo. Ma conviction est autre. Notre société est prête à évoluer, à condition qu'elle se reconnaisse dans les objectifs qu'on lui propose, et que l'effort demandé à tous soit librement débattu et équitablement réparti.
A ces deux conditions, nous irons de l'avant.

La blessure est plus profonde...

Une conversation, en février dernier, avec le Docteur Emmanuelli, inspirateur et maître d'oeuvre du SAMU social que j'ai créé à Paris : "Nous attendions 8 000 appels. Ils ont été 15 000 ; on nous appelle de partout. Quel flot !". Un témoignage parmi d'autres. Mais qui montre que la détresse et la misère sont aujourd'hui beaucoup plus importantes et plus cachées que l'on ne pense : personnes seules dans la ville, infirmes laissés à eux-mêmes, mendiants, vagabonds, malades sans ressources, toxicomanes, enfants sans parents, citadins sans domicile, laissés pour compte de la croissance, immigrés mal insérés, chômeurs de longue durée, jeunes en quête d'emploi. Tous, aussi différents que puissent être leur situation, leur passé, leurs perspectives d'avenir, ont la même angoisse du lendemain et partagent le même sentiment d'incertitude et d'abandon.

Combien sont-ils ? 7 millions, dit-on, qui devraient se loger, se nourrir, se vêtir et se soigner avec moins de 60 francs par jour, si les aides sociales n'existaient pas. Tous les maires sont confrontés à ces détresses qui l'espace d'une rencontre, ont un visage, une histoire, souvent la même. Le flot des existences précaires a débordé. La certitude du lendemain est devenu un privilège. L'"insécurité sociale" est partout.

Beaucoup a été fait par l'État, par les collectivités locales, par les associations, par de simples bénévoles. Et pourtant la lèpre est toujours là et elle gagne du terrain. Est-ce une question de moyens financiers ? Je ne le crois pas, à en juger par l'effort consenti.

Est-ce une question d'organisation ? Sans doute. Nos structures administratives, dans ce domaine, sont complexes et instables. Elles se chevauchent et se défont au gré des gouvernements. Est-ce une question de mentalité ? Certainement. Il y a une indifférence instinctive devant la misère qui souvent engendre la peur et conduit à faire un détour, pour ne pas voir. Il y a la pudeur aussi de ceux qui n'osent pas demander ou même dire qu'ils ont mal.

Alors que faire ? Surtout ne pas baisser les bras. Je tire de mon expérience de maire et de député la conviction que nous pouvons gagner contre l'exclusion. Chaque jour, je rencontre des bénévoles, des travailleurs sociaux, des associations qui surmontent leur découragement et réussissent. Encore faut-il savoir briser la spirale de l'isolement. Au centre des banlieues réputées difficiles, aux confins des départements les plus ruraux foisonnent des projets de réinsertion, montés avec coeur et intelligence. Leurs responsables disent : "les cas désespérés n'existent pas si l'on parie sur la dignité humaine et le respect de la personne, si l'on fait appel au coeur et notamment au coeur des jeunes". Ayons leur foi, leur enthousiasme pour traiter l'exclusion pour ce qu'elle est, une maladie de la société, qu'il faut prévenir, puis combattre sur le terrain.

Prévenir, c'est d'abord s'attaquer au chômage, cause première de l'exclusion parce qu'il peut entraîner la perte du revenu, du logement, de l'identité, d'un but dans la vie, et qu'il est un facteur de dissolution de la cellule familiale. La valeur de l'emploi comme facteur d'intégration est irremplaçable, mais, au-delà du cas des chômeurs, on voit bien que la marginalisation guette les plus fragiles d'entre nous. Ceux qui n'ont pas la force ou qui n'ont pas acquis les moyens de se défendre contre l'adversité. Ceux à qui il manque les valeurs et les références auxquelles on peut se raccrocher dans le désarroi. D'où le rôle essentiel de la famille et de l'école pour apporter des repères et éviter les dérives. Tout ce qui confortera ces deux institutions en crise est un point décisif marqué contre l'exclusion :

– Il en va ainsi, à titre d'exemple, de la nécessité de multiplier pour les jeunes les lieux de vie, de rencontre, de communication où se créent des liens entre parents, enfants, intervenants extérieurs. Les crèches, les écoles où se donnent les cours de soutien, les centres culturels et sportifs en font partie. C'est en amont de la marginalisation qu'il faut peser.

– Il en va ainsi de la politique du logement, qui constitue le premier point d'ancrage dans la société. Sans lui pas d'adresse, pas d'identité sociale et familiale. Privé de logement, on va de foyer en hôtel, de centre d'accueil en lit d'urgence ; on passe vite de la condition de mal logé à celle de sans abri. On devient déraciné et les enfants seront à jamais marqués par cette quête d'un toit.

Le nombre des mises en chantier était, il y a quelques mois, le même que du temps où l'Abbé Pierre lançait ses premiers appels.

Comment s'étonner que la France compte 2 millions de mal logés ? Conçue dans les années 70, notre politique d'aide au logement doit être remise en accord avec son temps et viser des objectifs clairs : simplifier, pour les rendre plus efficaces, les incitations à l'accession à la propriété ; motiver, par voie fiscale, ceux qui souhaitent investir dans la pierre pour développer l'offre locative ; répondre à la demande de tous les types de ménages, qu'ils soient jeunes ou âgés, célibataires ou en charge de famille ; soutenir aussi bien la construction neuve que la réhabilitation de l'habitat ancien ; traiter d'urgence le cas des 700 000 personnes ne disposant pas d'un domicile fixe, par la création de logements d'insertion. Il s'agit de refaire du logement un facteur de promotion individuelle et de cohésion sociale. De faire en sorte que chacun retrouve "droit de cité".

A cela devraient s'ajouter des mesures de protection des locataires, surtout de ceux qui vivent du revenu minimum d'insertion ou des allocations de fin de droit au chômage.

Je pense à un fonds de garantie assurant le règlement des loyers en cas de chute brutale des revenus. Pourquoi ne pas redéfinir, aussi, les prêts d'accession à la propriété pour rendre la sécurité aux emprunteurs lorsque, à la suite d'un licenciement ou d'un divorce, la charge de remboursement devient insupportable ? Avec la dette, débute souvent le cycle infernal. Bref une politique qui doit se donner pour ambition et pour objectif le droit au logement. J'ai proposé, dans cet esprit, une loi de programmation afin de résoudre en cinq ans le problème des mal logés.

– Il en va ainsi de l'école. J'étais, il y a peu, dans une école de la Goutte d'Or. Certaines classes sont composées à 80 % d'enfants d'immigrés possédant mal notre langue. De telles classes, si nombreuses dans certaines banlieues, sont des antichambres de l'exclusion. J'ai déjà dit le rôle que doit jouer l'école pour la combattre et pour assurer à tous, dès le plus jeune âge, l'égalité des chances.

Prévenir l'exclusion, c'est aussi recréer des

conditions normales d'existence dans ces quartiers et ces banlieues peuplés de déracinés sans emploi. Ils cumulent tous les handicaps. Trop peu de moyens et d'équipements sociaux et éducatifs. Une insécurité grandissante, entretenue par de petits groupes hostiles et rejetés. Le découragement des forces de l'ordre. Le développement enfin, comme un cancer ignoré, d'une économie souterraine de la drogue. Un titre m'a frappé dans un numéro récent d'un grand quotidien : "Le vertige suicidaire des banlieues". C'est à une reconquête systématique qu'il faut procéder, sachant que ni l'initiative individuelle, ni l'action des municipalités ne pourront suffire. Qu'il s'agisse du logement, de la mobilisation et de l'implantation des services publics, de la désignation des fonctionnaires les plus aptes, de l'école, du maintien ou de l'installation d'activités nouvelles, de la recherche de formes plus adaptées de représentativité, le seul choix possible est de privilégier systématiquement ces quartiers en crise. L'opinion est prête à comprendre qu'un effort sans précédent doit être fait, qu'un programme doit être établi sur quelques années et que, si nous voulons devancer des déchirements incontrôlables, des moyens exceptionnels doivent être injectés en richesse, en talent, en solidarité.

Pour guérir, il ne suffit plus d'ouvrir des guichets d'allocations. Il faut aller sur le terrain vers les exclus, avoir la volonté de les prendre par la main et de les accompagner d'étape en étape jusqu'à leur rendre une place dans la société. Travail de fourmi pour les milliers d'associations qui se battent et innovent.
Mais l'État, qui apporte les moyens, s'essouffle et a du mal à s'organiser. Chacun le ressent. La multiplicité des procédures et des subventions gérées par les administrations, les conditions de fonctionnement de certains services publics, leur isolement même, finissent par avoir raison des énergies et des bonnes intentions.

Il faut changer cela. Je prendrai deux exemples : celui des travailleurs sociaux et celui des bénévoles de nos associations. Pour les premiers, fonctionnaires de l'ombre chargés de recoller les morceaux d'une société éclatée, nous devons faire en sorte qu'ils vivent et travaillent autrement. Il est temps de redéfinir leur statut. N'ont-ils pas été les grands oubliés des revalorisations ? Il est temps de préciser leurs missions. Ils ne sont ni des agents placiers de l'ANPE, ni des employés de la Sécurité Sociale, ni des instituteurs supplétifs ! A l'échelon local, ils doivent pouvoir traiter avec un interlocuteur unique, qui dispose de l'autorité sur les nombreuses administrations concernées par la lutte contre l'exclusion : délégation à la Ville, délégation au RMI, délégation à l'insertion des jeunes, fonds d'action sociale, Agence nationale pour l'emploi. Un peu moins de dispersion pour un peu plus d'efficacité !

Lorsqu'une partie de la France dérive, l'État peut-il tout faire ? Pour maintenir la volonté de vivre ensemble, et c'est bien cela la Nation, il faut aussi, il faut surtout la participation de chacun. Et je prendrai l'autre exemple, celui des bénévoles. A rebours des idées reçues, qui font de l'égoïsme une valeur en hausse, rarement la volonté de servir les autres n'a paru aussi forte chez nos concitoyens, et surtout chez les jeunes. L'action humanitaire, le combat contre la faim dans le monde, la lutte contre l'illettrisme et toutes les formes modernes de la détresse les mobilisent. De plus en plus nombreux sont les bénévoles qui, sans attendre l'intervention de l'État, prennent leurs responsabilités dès qu'un problème devient aigu : celui de la misère, de la violence, de la drogue, du SIDA, de l'échec scolaire chez les enfants, de la délinquance à la périphérie des villes. J'évoquais le SAMU social : lorsque j'ai fait appel à des volontaires, chauffeurs, infirmières, travailleurs sociaux, il s'en est présenté, sur le champ, beaucoup plus que nécessaire.

Tous ces bénévoles agissent, aujourd'hui, sans reconnaissance ni assurance. Essayons de mieux les protéger. Je souhaite qu'un statut consacre leurs compétences, garantisse leurs risques et leur donne les moyens d'exprimer cette solidarité d'homme à homme, si précieuse dans une société fragmentée.

Sur ces différentes lignes de front, et sur d'autres, il est possible d'anticiper, d'endiguer, de réduire l'exclusion.
La croissance économique, si indispensable soit-elle, n'épargnera pas à notre société la prolifération en son sein des "trous noirs" de l'exclusion. La blessure est plus profonde. La crise sert de révélateur au mal français d'aujourd'hui : la poursuite d'un mode de développement qui a trop négligé la dimension humaine dans la ville, à l'école, dans l'entreprise et dans l'action publique. C'est cette dimension qu'il faut restaurer.

Prévenir l'insécurité sociale...

La France avait le meilleur système de protection sociale du monde. Le plus perfectionné, le plus facile d'accès, le plus généreux, le plus juste.

Ce n'est plus aussi vrai.

Maintien des déficits à un niveau très élevé qui hypothèquent l'avenir de l'ensemble de notre Sécurité Sociale. Remboursements moins bien assurés. Soins qui varient d'un établissement à l'autre, au point que, parfois, la qualité n'est plus garantie. Régimes de retraite de plus en plus inégaux et menacés par le déclin de la démographie. Incapacité évidente à assumer des situations nouvelles : de plus en plus d'exclus, sans la moindre couverture sociale ; de plus en plus de personnes en état de grande dépendance dont les besoins ne sont pas pris en compte.

Du coup, c'est un climat d'insécurité sociale qui s'installe, aggravé par la crise financière que traversent nos régimes sociaux. Notre protection sociale vit à crédit ; elle s'est installée dans l'endettement. Pour la première fois depuis 1945, l'ensemble des branches du régime général sont en déficit.

J'ai dit que l'emploi est une priorité absolue. L'état de la sécurité sociale en est une illustration.

Notre protection sociale est d'abord et avant tout malade des quatre milliards de francs de recettes dont elle est privée chaque fois que notre pays compte 100 000 chômeurs de plus. C'est la spirale : les suppressions d'emploi alimentent les dépenses d'indemnisation et de lutte contre l'exclusion,

tout en restreignant les recettes. Ne dit-on pas que le déficit pourrait être, pour le seul régime général, supérieur à 50 milliards de francs en 1994 et voisin de 70 milliards de francs en 1995 ?
D'où le rôle capital de la politique de l'emploi : elle conditionne l'avenir de notre protection sociale.
Est-ce à dire que politique de protection sociale et politique pour l'emploi se confondent ? Bien sûr que non ! Notre sécurité sociale a vieilli. Il faut clarifier le système, responsabiliser ses acteurs, l'adapter et nous adapter aux nouvelles réalités, aux nouveaux défis.

Clarifier. Pourquoi ?

Le principe initial était simple : patrons et salariés décidaient, ensemble du financement des dépenses. C'était la démocratie sociale dont on rêvait en 1945.
Aujourd'hui, c'est en réalité l'État qui fixe les cotisations, définit les prestations, centralise la trésorerie, contrôle la gestion. Le paritarisme est de façade : la coopération

entre les partenaires sociaux ne porte que rarement sur l'essentiel, sauf pour l'UNEDIC et les régimes complémentaires. Plusieurs phénomènes sont à l'origine de cette dérive. Le premier, naturel, tient au fait qu'il est beaucoup plus simple de renvoyer à l'État la responsabilité des décisions impopulaires : la maîtrise des dépenses ou le relèvement des taux de cotisation n'a jamais suscité l'enthousiasme de personne. Le deuxième, c'est la progression sensible des dépenses de solidarité qui conduit les pouvoirs publics à s'impliquer davantage dans la protection sociale comme en témoignent les 17 milliards consacrés au RMI.

C'est ainsi que la France s'est dotée d'un système, intermédiaire entre le système anglais, géré par l'État, et le système allemand, où les partenaires sociaux ont la responsabilité de la protection sociale. Nous sommes à mi-chemin entre Bismarck et Beveridge. La confusion domine.

D'où l'exigence de clarté.

Clarifier, c'est d'abord établir la limpidité des comptes, qui suppose de séparer la gestion des branches, comme le gouvernement s'est engagé à le faire. L'on évitera ainsi les obscures compensations financières qui diluent les responsabilités et servent de prétexte à l'immobilisme.

Clarifier, c'est aussi distinguer, parmi les dépenses sociales, celles qui relèvent de la solidarité nationale et doivent donc être prises en charge par l'Etat. Un premier pas a été fait dans cette direction avec la création, au 1er janvier dernier, du Fonds de solidarité-vieillesse.

Allons plus loin, étendons cette distinction aux autres branches et confions à un Fonds national de solidarité la responsabilité de l'ensemble des aides destinées aux plus faibles : revenu minimum d'insertion, allocation aux adultes handicapés, déficit du régime maladie des étudiants, aides sociales au logement, prestations familiales sous condition de ressources et d'autres encore. Une telle organisation, distinguant assurance et solidarité, aurait le double avantage d'alléger les cotisations sur le travail et de préserver les prérogatives des partenaires sociaux. Ceux-ci redeviendraient, en effet, maîtres de la gestion des prestations sociales financées par les cotisations sur les salaires, à charge pour l'État de dégager les ressources fiscales nécessaires au financement du Fonds de solidarité.

Deuxième objectif : responsabiliser. La clarification le permettra.
Aujourd'hui, ni l'État, ni les partenaires sociaux n'acceptent de prendre les décisions qui garantiraient la pérennité de notre protection sociale.
Par ailleurs, les partenaires sociaux et le Parlement ont des relations plutôt méfiantes et distantes, les syndicats redoutant l'intrusion du Parlement dans ce qu'ils considèrent comme leur domaine réservé. Avec le partage des dépenses sociales en deux catégories, il serait normal de voir l'Assemblée nationale et le Sénat s'exprimer sur les recettes et les dépenses du Fonds national de solidarité : ils ont, en vertu de la Constitution, la responsabilité de voter l'impôt et

de définir son utilisation. Il serait également normal d'informer le Parlement de l'évolution des dépenses et des recettes de notre Sécurité Sociale : leur masse est sensiblement supérieure à celle du budget de l'État et leur équilibre n'est pas sans effet sur la situation économique et sociale de notre pays.

L'organisation d'un débat annuel au Parlement sur la protection sociale, proposé récemment par le gouvernement m'apparaît donc utile. Mais cette démarche ne prendra tout son sens qu'une fois clarifiés les comptes et les responsabilités, et à condition qu'un tel débat soit préparé dans la transparence. C'est pourquoi je suis favorable à ce qu'une conférence nationale de la protection sociale, réunissant État et partenaires sociaux, examine chaque année les données et hypothèses sur lesquelles s'appuiera le gouvernement pour son rapport au Parlement.

Rendons simultanément, leur autonomie aux partenaires sociaux. Donnons leur la responsabilité de prévoir l'équilibre de chacune des branches de notre sécurité sociale. C'est leur vocation.

Pour cela, il faut que les Conseils d'administration des Caisses nationales de sécurité sociale disposent d'un véritable pouvoir de gestion et d'orientation. C'est aux employeurs et aux salariés, en concertation paritaire, de rendre les caisses locales plus responsables et leur fonctionnement plus souple. Aucun bouleversement institutionnel n'est nécessaire : c'est une affaire de volonté et de dialogue social. L'avenir est aux solutions conventionnelles, librement débattues.

Troisième exigence : adapter notre système de protection sociale au monde qui change. Progrès de la médecine. Espérance de vie plus longue. Nouveaux risques. Nouvelles maladies. Le paysage social ne cesse d'évoluer, en bien ou en mal. A problèmes nouveaux, réponses nouvelles. J'en prendrai plusieurs exemples.

D'abord, la santé, dont les professionnels sont souvent cloués au pilori de l'austérité, en tant que responsables des dépenses

médicales. Soyons justes. Faut-il regretter l'allongement de la durée de la vie, même s'il pose le redoutable problème de la dépendance ? Faut-il condamner les progrès de la médecine, c'est-à-dire l'apparition de techniques de plus en plus performantes, au nom d'une approche purement comptable de la politique de santé ? Certainement pas !
Notre responsabilité, ce n'est pas de paralyser le progrès ni de "fonctionnariser" la santé, avec la certitude de diminuer la qualité des soins et des prises en charge. Le véritable enjeu est ailleurs : il est de rechercher, dans la concertation et la négociation, les moyens de préserver l'excellence médicale française.

En matière de médecine libérale, l'objectif est de faire évoluer de façon intelligente le volume des soins, en respectant bien entendu la liberté des praticiens. La récente convention médicale va dans la bonne direction. Il faut que le corps médical lui-même définisse, en concertation, un ensemble de règles et de références qui permettent le meilleur usage des soins. Il faudra aussi, même si le sujet peut paraître technique, rénover la nomenclature des actes, c'est-à-dire revaloriser l'acte médical à haute valeur ajoutée, par exemple le diagnostic, par rapport aux actes techniques purement répétitifs.

L'hôpital public doit, lui aussi, être réformé.

Aujourd'hui, de dotations globales en réformes statutaires, cette superbe réalisation de la Ve République est menacée. Médecins, infirmières, personnels paramédicaux savent bien qu'une profonde rénovation s'impose. Pour favoriser la nécessaire reconversion de certains services hospitaliers, notamment de court séjour. Pour faciliter l'accueil des personnes âgées. Pour associer les différents personnels de l'hôpital à la modernisation de leurs services. Pour clarifier leurs missions, définir leurs objectifs et contractualiser leurs moyens dans la durée. La Nation consacre, chaque année, 280 milliards de francs à l'hospitalisation. Tirons-en le meilleur parti !

Autre exemple d'adaptation inévitable : nos retraites, sujet d'inquiétude s'il en est. En 1993, un premier train de mesures est intervenu pour mieux garantir l'équilibre à long terme de l'assurance vieillesse. Mais le déficit démographique que la France devrait connaître à partir de 2010 est tel que d'autres décisions seront nécessaires. S'adapter à cette réalité, ce n'est certainement pas substituer à notre retraite par répartition un système de capitalisation. J'y suis, depuis toujours, hostile. En revanche, il faut lui associer une épargne complémentaire, encouragée par l'État, soit par des déductions fiscales pour les ménages payant l'impôt sur le revenu, soit par une aide directe pour les autres. Pourquoi ne pas garantir cette épargne volontaire par un fonds alimenté grâce à une part du produit des privatisations qu'il reste à réaliser ? Ainsi, avec le concours de l'État, les Français décideraient des efforts qu'ils sont prêts à consentir pour préparer leur vieillesse.

Au delà du problème des retraites, l'âge, et de plus en plus le grand âge permis par les

progrès de la médecine, est souvent synonyme de dépendance. C'est l'un des problèmes majeurs des trente années qui viennent.
Je crois qu'il est grand temps de créer une allocation de dépendance qui permette à nos aînés de recevoir l'aide, la présence que nécessite leur état. Sans doute faut-il des financements complémentaires à ceux qui existent déjà. Mais pourquoi les demander aux retraités eux-mêmes ? A mes yeux, il s'agit d'un devoir de solidarité qui doit être financé sur des ressources fiscales locales et nationales.

Je ne conteste pas que cet effort soit difficile dans la conjoncture actuelle. Mais il doit être relativisé : les 10 milliards de francs qui font défaut ne représentent que la moitié des dépenses consacrées au RMI. Ils sont bien inférieurs aux subventions d'équilibre que l'État accorde, chaque année, à ses entreprises publiques déficitaires. Ils équivalent, pour situer les enjeux, à un tiers de point de TVA.

Enfin, il faut adapter notre protection sociale aux nouveaux risques, aux nouveaux défis. Au premier rang, l'exclusion. C'est un fait : les exclus ont du mal à se soigner. De ce point de vue, notre Sécurité Sociale n'a pas atteint ses objectifs. Les procédures en vigueur sont bien trop complexes pour être efficaces. L'assurance personnelle et les budgets sociaux des départements ne parviennent pas à enrayer le flot croissant de ceux qui, par manque d'information, par détresse ou par incapacité à faire respecter leurs droits, se trouvent en dehors de notre politique de santé. L'objectif, ce sera, comme je l'ai fait à Paris, l'affiliation automatique de chacun à la sécurité sociale. Ainsi, on assurera, dans les faits, le droit à la santé pour tous.

Dans le sort que nous réservons aux exclus, c'est notre conception de l'homme, de sa dignité, qui est en jeu, comme elle l'est avec les nouveaux fléaux que doit affronter notre société. Je pense au SIDA et à la toxicomanie.

Non que rien ne soit fait. Nous ne sommes pas coupables de non-assistance à personnes en danger. Mais nos actions restent en deçà des nécessités. Entré dans sa deuxième décennie, le SIDA exige que la prévention, les soins médicaux et la prise en charge sociale avancent du même pas.

Trois lignes d'action possibles : substituer à des campagnes d'information ponctuelles des actions de sensibilisation systématiques, en particulier en direction des jeunes et de tous ceux qui sont vulnérables au risque. Développer les moyens permettant d'accueillir les personnes contaminées, à l'hôpital ou par l'intermédiaire de soins à domicile. Enfin, garantir un toit et une assistance quotidienne à tous ceux que la maladie fragilise et expose au pire. En attendant de vaincre le virus, on parviendra à soulager la détresse de ceux qu'il frappe, en faisant tout pour que les progrès de la médecine et de la recherche finissent par triompher.

Quant à la lutte contre la drogue, je la conçois sur plusieurs fronts.
A l'intérieur, il faudra sans doute réformer la loi de 1970 pour mieux articuler le suivi

judiciaire, l'action sanitaire et les mesures d'accompagnement social des toxicomanes. Il faudra également renforcer les programmes dits de substitution, en particulier le recours à la méthadone, sous contrôle médical. Développer, enfin, les lieux d'échange de seringues dans des conditions telles que cet échange soit l'occasion d'une rencontre, d'un conseil, d'une information et surtout pas d'une identification comme c'est parfois le cas.

Mais toutes ces initiatives, aussi utiles soient-elles, ne suffiront pas. Nous devrons aller bien au-delà, et poser le problème au plan international. Seule une action dans les pays producteurs peut se révéler, à terme, efficace. Conclusion : il faut concevoir à l'échelle mondiale, une politique d'aide à la reconversion des cultures illicites. Au besoin prendre l'initiative dans le cadre de l'ONU d'une action pour les détruire, au cas où un pays violerait ses engagements internationaux.

Pourquoi ne pas créer, sur le modèle de l'agence chargée du contrôle de la non-prolifération nucléaire, une agence internationale chargée de surveiller la production, le trafic et la distribution des produits stupéfiants ? Cette autorité fait aujourd'hui cruellement défaut. En attendant les pays membres de l'Union européenne doivent mieux coordonner leurs actions et agir beaucoup plus fortement contre les trafiquants et les mafias. Ils doivent aussi réagir contre le laisser aller de certains membres, je pense au Pays-Bas, et les mettre devant leurs responsabilités. Comment admettre qu'ils jouent les plaques tournantes du trafic de la drogue sur notre continent ?

Le système de protection sociale que nous avons construit depuis la Libération reste fragile. Il requiert vigilance et mouvement. Notre époque change et les politiques sociales doivent s'adapter. Elles ne peuvent rester indifférentes aux nouveaux défis de cette fin de siècle. A travers la modernisation de notre protection collective, ce sont les termes mêmes de notre pacte social que nous reformulons. La tâche est difficile. Mais a-t-on le choix ?

La démocratie,
c'est l'égalité des droits,
mais la République,
c'est l'égalité des chances...

Rendez-nous l'État ! Pour notre sécurité... Pour un autre urbanisme... Pour remailler le tissu de la solidarité... Ce cri, devenu à la mode, je ne suis pas le seul à l'entendre, comme si, après trente ans de transferts de pouvoirs à Bruxelles, vingt ans de décentralisation au profit des régions, des départements, des communes, le balancier était allé trop loin. C'est pourquoi je demande à l'État, là où il est nécessaire, de se montrer plus présent, plus entreprenant, plus volontariste, afin de reconquérir le terrain perdu là où se joue l'avenir du pays.

A l'issue du débat sur l'accord de Maastricht, il a été souhaité, toutes opinions confondues, que les interventions de l'Union européenne soient limitées à l'indispensable et mises sous le contrôle du Parlement national. La décentralisation, elle, sans qu'il faille la remettre en question, est restée au milieu du gué, handicapée par l'absence de réforme des finances locales et par la résistance des administrations centrales à la déconcentration.

Le paradoxe fait que cet État, dont on appelle le retour avec un brin de nostalgie, s'est au fil des ans affaibli et déshumanisé. Selon un jugement sans doute excessif, il paraît aujourd'hui déconsidéré. Je dirais qu'il tend à devenir illisible et irresponsable.

Illisible dans son architecture où les formes d'action publique les plus diverses se côtoient, se superposent et s'opposent. En l'absence de maître d'oeuvre, chacun fixe ses priorités dans le désordre et l'incohérence. Illisible dans sa production de "papiers" : sait-on qu'il y avait en stock disponible, en 1992, selon le Conseil d'État, sept mille cinq cent lois applicables, quatre vingt à quatre vingt dix mille textes réglementaires, vingt et un mille règlements de la Communauté, dix à quinze mille circulaires à validité annuelle ? Encore ces textes, trop souvent longs et imprécis, sont-ils sans cesse remaniés. Ils agitent la menace de sanctions alors que, par insuffisance de moyens, la police et la justice seraient bien en peine de constater ou de pénaliser les infractions. Tout cela est déraisonnable, tout cela ne fait pas sérieux. A un Droit qui bégaie, les citoyens ne prêtent plus qu'une oreille distraite.

Irresponsable, l'État, parce que la dispersion des pouvoirs, autant que la longueur et la complexité des procédures, permettent rarement de dénoncer l'auteur d'un méfait, d'un mauvais texte ou de sa mauvaise application. Parce que nous avons trop souvent une administration d'apparence. Quel est le poids d'un directeur dans ses services quand la décision importante est prise sans lui, ou contre lui, au cabinet du ministre ? Que dire des conseils d'administration fantômes ? A-t-on entendu parler du conseil d'administration d'Air France au moment de la crise de novembre 1993 ?

L'État est en train de perdre la maîtrise de ses actions. Egaré dans un dédale d'interventions parcellaires, il délaisse ses grandes fonctions de souveraineté. Le doute, parfois la débrouille corporatiste, deviennent le lot commun d'une fonction publique mal dans sa peau.

A-t-on le loisir d'attendre encore pour renverser le courant ? Sûrement pas. L'appareil de l'État, s'il demeure lourd et inerte, bloquera les évolutions de la société. Une administration recroquevillée sur son passé, routinière et tracassière, serait le pire handicap.

Les Français ont désormais tendance à rejeter un certain nombre de comportements. La "décentralisation", les "tables rondes", la "concertation", le "consensus" leur apparaissent de plus en plus comme les alibis d'un État à bout d'idées et d'arguments, qui tente désespérément de se décharger sur les autres de ses responsabilités. L'État apparaît résigné devant des fatalités et se contente trop souvent de jouer les arbitres, si ce n'est les spectateurs, en repassant les problèmes aux partenaires sociaux, aux régions ou à l'Europe.

Face à ce constat, j'écarterai la tentation de la réforme institutionnelle. Le mal ne vient pas de la Constitution. Depuis plus de trente ans, nos institutions ont permis un exercice serein de la volonté populaire, assuré la stabilité politique du pays, servi la conduite de l'action gouvernementale à l'intérieur comme à l'extérieur, pour peu que l'équipe au pouvoir en ait manifesté la volonté. Elles ont, de surcroît, montré leur efficacité dans toutes les situations et par tous les temps, lors des crises les plus graves comme à l'occasion des diverses alternances que notre vie démocratique a suscitées.

Je ne propose donc pas de changer de République. Il faut en revanche "Changer la République", pour reprendre l'expression que j'ai employée pour la première fois dans un article du *Monde* en 1990.

Trois conditions sont nécessaires :

– Garantir l'indépendance du pouvoir judiciaire. Un pas important vient d'être fait avec la réforme du Conseil supérieur de la magistrature.

– Revenir à la première lecture de la Constitution : c'est-à-dire mettre fin à la longue dérive monarchique de nos institutions. Le Chef de l'État n'est pas un super-Premier Ministre. Ses ambitions et ses obligations sont ailleurs : l'unité et la sécurité de la nation, la place de la France en Europe et dans le monde, le fonctionnement régulier des pouvoirs publics. Ses moyens aussi sont autres. A lui la charge de l'essentiel et la durée. Au Premier Ministre, à sa majorité, le gouvernement et l'administration du pays.

Cette regrettable dérive monarchique explique la puissance devenue excessive et dangereuse de la technostructure qui s'est peu à peu substituée au pouvoir politique. Le monarque se méfie toujours de ses pairs et ne fait confiance qu'à ses serviteurs.

– Contraindre, enfin, l'exécutif à se remettre en question, plus fréquemment qu'il ne le fait. Je propose que le champ d'application du référendum soit élargi à des sujets qui en sont aujourd'hui exclus, comme l'organisation de l'éducation, la protection sociale ou l'emploi. Pour dénouer les contradictions de notre société, pour sortir de l'emprise des corporatismes, je crois à la vertu du dialogue et à l'arme ultime du vote par les citoyens.

Le temps est venu aussi de rendre au Parlement l'autonomie, la capacité d'initiative et de contrôle qu'il a perdu au fil des ans.Mieux partager le travail législatif, en donnant une plus large place aux propositions de loi déposées par les parlementaires. Renforcer les pouvoirs de contrôle sur le gouvernement, mais aussi sur l'élaboration du droit communautaire. Autant de mesures indispensables si l'on veut rendre au Parlement la considération et les pouvoirs que notre Constitution lui réservait, et que la construction européenne rend plus nécessaires encore. N'oublions pas que le Parlement est détenteur de la souveraineté nationale. C'est ce qui fait sa grandeur. Je me réjouis que le combat pour l'adaptation du Parlement aux nouveaux enjeux de la démocratie soit à l'ordre du jour. Cette adaptation, fixons-nous pour objectif de la réaliser au cours de cette législature, d'ici à 1998.

Plus d'une tentative a vu le jour, depuis quelques années, afin de réformer cette horlogerie de l'État qui ne donne plus la bonne heure. Une commission désignée par le Premier Ministre s'y emploie. Les échecs ou les succès partiels, il y en a, incitent à la modestie et à la prudence.

Par où commencer ? Je dirais : par les femmes et les hommes qui sont au service du pays. Ils attendent qu'on les écoute, ils souhaitent qu'on les encourage. Ils ont des idées, des initiatives à formuler, des solutions pratiques à appliquer. Ils désirent avant tout participer, plus qu'on ne le croit, à une oeuvre d'ensemble et retrouver dans le pays la considération d'autrefois.

Il ne saurait être question de bousculer un statut de la fonction publique qui garantit leur sécurité. Mais il faut le faire évoluer, pour favoriser la mobilité, distinguer et mettre en valeur les capacités d'innovation, de telle sorte que chacun se trouve à sa place en position de responsabilité. C'est par la tête qu'il faudra commencer, en désignant de vrais patrons choisis en fonction de leurs mérites et de leurs expériences. Les ministres leur assigneront des objectifs clairs pour un temps déterminé. Eux-mêmes auront les coudées franches, dans un cadre quasi contractuel. Mais leurs résultats seront appréciés à intervalles réguliers : faute d'une évaluation systématique des hommes et des politiques, je prédis l'enracinement des conservatismes et ne donne pas cher de la modernisation. Je sais bien que les cas sont très divers : on ne peut traiter de la même manière un directeur d'administration et un président d'entreprise publique. Mais dans tous les cas il faut changer la méthode, pour mieux déléguer, pour rendre plus autonome, plus responsable.

Je préférerais qu'on évacue la discussion sur le nombre optimal des échelons de notre administration territoriale, non que je la tienne pour mineure, mais je prévois trop son enlisement. Sans ouvrir la boite de Pandore, on peut répondre aux vraies questions : à l'intérieur de quelles circonscriptions, géographiques, économiques, démographiques, diriger l'action publique pour lui donner sa plus grande efficacité ? Par quels mécanismes financiers assurer la cohérence de l'ensemble ? Ainsi aurons nous quelque chance de répartir les attributions de l'État, de la région, des départements et des communes, sur des bases certaines et compréhensibles, restaurant la légitimité de chacun. Tout passe par la réforme des finances locales. Elle doit être entreprise séance tenante, afin de donner à chaque collectivité les moyens de ses compétences et réduire, sinon bannir, l'usage des financements croisés, qui multiplient les occasions de gaspillage et d'irresponsabilité.

La réforme du fonctionnement des administrations de l'État devrait être engagée en même temps. Voilà plus de vingt ans qu'on parle de déconcentration sans la faire : le moment est venu de transférer aux préfets et chefs de service locaux un grand nombre de compétences exercées par les ministères parisiens. L'action de l'État y gagnera en souplesse, les collectivités locales traiteront avec de vrais interlocuteurs et non des personnages-relais, souvent sans moyens ni maîtrise. La gestion d'avenir s'appelle proximité.

J'évalue à dix ans, la durée de deux législatures, le temps requis pour simplifier la législation, clarifier les rôles, réformer les financements, bref changer les comportements des administrations et de leurs dirigeants. Une nouvelle France a besoin de muscler un État que je voudrais décidément républicain. Dans mon esprit, ce qualificatif n'est pas seulement l'expression de notre attachement à la déclaration des Droits de l'homme et du citoyen. Il veut marquer avec insistance la place qui doit être rendue aux valeurs fondatrices de notre République.

Pour moi, l'État républicain est celui qui n'a pas peur d'enseigner la morale civique, qui la pratique lui-même et veille à son observance par tous ceux qui, plus que d'autres, doivent assumer la responsabilité de leurs actes et de leurs décision : les élus du peuple et les fonctionnaires.

L'État républicain est celui qui donne à la fonction de justice le premier rang dans la cité, aux juges une place éminente dans la société, avec les moyens de juger bien et vite. En laissant pourrir l'institution judiciaire, la monarchie a précipité sa chute. Malgré les réformes récentes du Code pénal et de la procédure pénale, le long débat sur la justice en France n'est pas clos. Depuis quelques années, les Français ont peur du juge d'instruction solitaire et inquisitorial. En même temps, ils aspirent à plus de sécurité, à plus de proximité et surtout à plus de rapidité. Est-il convenable que notre pays soit régulièrement condamné par les juridictions européennes pour la lenteur et l'archaïsme de sa procédure pénale ? Est-il acceptable, pour l'administration comme pour les administrés, qu'il leur faille attendre plusieurs années les arrêts de la juridiction administrative ?

L'État républicain est un Etat laïque qui permet à chacun, dans le respect des lois, l'exercice d'un culte sans en privilégier aucun. Cette laïcité, il la défend au sein des écoles de la République, qui doivent rester des lieux d'union, et non de division.

L'État républicain, enfin, est un État impartial, garant de la cohésion nationale et de la solidarité entre les citoyens, entre les générations, entre toutes les parties du territoire. Cet État n'est pas neutre. Il assure le service public et le service du public, de façon assez variée, assez souple pour répondre en permanence aux attentes et aux besoins des citoyens. Autant que d'égalité des droits, parlons d'égalité des chances. Nous devons admettre des traitements diversifiés, à l'avantage de ceux que la vie ou la géographie ont défavorisé. La démocratie, c'est l'égalité des droits mais la République, c'est l'égalité des chances.

Une société à responsabilités partagées...

En vingt ans, les Français ont peu à peu divorcé d'avec la France.

Une crise économique dont ils ne voient pas la fin a rompu pour beaucoup le lien de confiance qui les unissait à la société. Anxiété devant le chômage et le risque d'exclusion. Vulnérabilité devant l'évolution des techniques et l'ouverture des frontières. Inquiétude devant un avenir qui remet en cause cette croyance héritée des Lumières : demain sera plus radieux qu'aujourd'hui et les fils plus heureux que leurs

pères. Il ne s'agit plus de langueur, ni de malaise, mais d'une véritable déprime collective, mal tantôt rampant, tantôt s'exaspérant en explosions de colère quand un quartier, une profession, une génération, a le sentiment de n'être ni entendu, ni compris.
Car dans le même temps, je le répète, le fossé s'est creusé entre les Français et ceux qui les gouvernent.
Cette coupure entre la vie politique et les citoyens conduit une partie de nos compatriotes à vivre comme en exil à l'intérieur de notre démocratie. D'autres ne voient de remèdes que dans les solutions simplistes que leur propose l'extrémisme ou le populisme.

La crise qui frappe tous les pays industrialisés se double ainsi, chez nous, d'une crise bien française. Ce qui craque, c'est un certain modèle de société. Une société qui depuis 1789, révérait le citoyen, mais à distance, et se méfiait de l'individu. Une société dont le sommet avait tout à la fois le monopole de la pensée, de l'action, et de l'information, et dispensait de devoirs et de responsabilité une masse d'exécutants d'autant plus passifs qu'ils bénéficiaient de droits acquis à jamais. Une société qui, au long des siècles, avait réussi une étroite adéquation entre son système politique - centralisateur - son économie - taylorienne - son État - tutélaire. Bref une société qui, dans tous les domaines, traitait la personne en sujet, et non en être autonome, capable d'apporter sa richesse créatrice au destin commun.

Rien d'étonnant à ce qu'un tel modèle de société, qui ne donne pas sa place à l'imagination, à l'énergie, à la volonté d'entreprendre, ait laissé se développer, en période de crise et en raison même de ses pesanteurs et de ses rigidités, la gangrène de l'exclusion.

Sauf à accepter l'inacceptable, c'est-à-dire la déchirure sociale et politique du pays, il y a donc urgence à construire une nouvelle citoyenneté. Une citoyenneté active qui donne à chacun droit à participer à la France.

Construire cette citoyenneté de participation, c'est rapprocher le citoyen du pouvoir. Faciliter le développement de ces structures d'implication que sont les associations et les fondations. Imaginer une nouvelle économie sociale qui tire son ressort de l'intelligence et de la compétence des hommes plutôt que des performances des machines. Si on fait cela, on peut espérer réconcilier les Français avec la France.

Au premier rang des urgences s'impose la nécessité de redonner au citoyen la parole qui lui est confisquée, hors consultations électorales. C'est évidemment la participation politique, évoquée à propos du nécessaire retour de l'État républicain.
Elle passe autant, je l'ai dit, par la démocratie directe que par une revalorisation du rôle et des pouvoirs du Parlement.

Elle passe aussi par la reconnaissance effective des droits politiques de tous les citoyens et notamment des femmes.

L'héroïne d'une pièce célèbre s'exclamait drôlement : "Les femmes sont des hommes comme les autres !". Ce n'est pas vrai, en tout cas, en ce qui concerne les responsabilités politiques.

Autant la société civile a changé, autant la société politique est restée figée, et machiste, bien que les femmes représentent 54 % du corps électoral. Nous sommes toujours la lanterne rouge des pays industrialisés avec seulement 5,7 % de femmes parlementaires ! à comparer avec les 20 % du Bundestag... Ceci illustre tout à fait le mauvais vouloir des partis politiques et l'archaïsme de leurs structures. Nous en sommes tous responsables.

Une société ne saurait s'amputer longtemps d'une moitié d'elle-même. Faciliter l'accès des femmes à la vie politique est une question de justice. C'est aussi un enjeu de démocratie et de cohésion sociale. L'une des grandes exigences politiques de notre société, c'est de donner aux femmes la place qui leur revient. Cette place aucune loi, aucun quota ne la leur garantira. Ce sont les mentalités qui doivent changer.

Cinquante ans après l'octroi du droit de vote aux femmes par le Général de Gaulle, cette juste place est toujours à conquérir. La différence, c'est que les hommes, je l'espère, seront aujourd'hui aux côtés des femmes dans ce combat.

Deuxième impératif pour une citoyenneté de participation : encourager, valoriser les associations.

La pratique associative est une école de citoyenneté. Par l'apprentissage de la responsabilité. Par la découverte concrète de l'intérêt général. Par l'altruisme qu'elle suppose. Par sa démarche participative et éducatrice.

La vitalité du mouvement associatif est formidable dans notre pays. 700 000 associations en activité, 50 000 créations par an, 20 millions de membres. Et pourtant rien n'est plus frappant que la faiblesse et l'incertitude de leurs moyens.

Il ne serait pas si difficile de mieux reconnaître leur rôle, de mieux soutenir leur action de médiation, d'innovation, et aussi de création d'emplois d'utilité sociale. C'est un choix politique.

Le système actuel de subventions multiples, longues et compliquées à obtenir, oblige les associations à une quête permanente et pas toujours très digne. Pourquoi ne pas lui substituer un financement pluriannuel sur contrats d'objectifs, délivré par un guichet unique ?

Comment donner aux associations des moyens de fonctionnement à hauteur de leur rôle ? Trois pistes à explorer parmi d'autres.
– D'abord, faciliter le bénévolat. Pour cela, essayons de rapprocher l'offre et la demande d'activités bénévoles. Surtout, imaginons un "contrat de bénévolat" qui assure une formation et une protection contre les accidents, tout en rendant plus stables les relations entre l'association et le bénévole.

– Ensuite, pourquoi ne pas ouvrir à toutes les associations d'utilité sociale la possibilité d'employer des jeunes appelés du contingent dans le cadre d'un service civique, qui peut devenir une forme à part entière du service national ?

– Enfin, facilitons par des exonérations fiscales et sociales spécifiques, le recrutement de salariés. Plusieurs dizaines de milliers d'emplois sont en jeu.
Au-delà des aides publiques, les citoyens eux-mêmes doivent être incités à soutenir les associations. Certaines mesures ont déjà permis d'encourager les dons et de faciliter la création de fondations. Mais notre réglementation reste égale à elle-même : pesante et restrictive. Recevoir des legs et des donations est plus facile chez nos voisins que chez nous. Je souhaite que soit élargie à l'ensemble des associations et fondations d'utilité sociale la faculté de bénéficier de libéralités. A cette condition, et à cette condition seulement, le mouvement associatif pourra progressivement sortir de la précarité qui freine ses initiatives.

Pourquoi également ne pas faciliter la libre adhésion des plus démunis aux associations en imaginant un "chèque associatif" ?

Les chômeurs en seraient les premiers bénéficiaires. Ils pourraient ainsi régler leurs cotisations à l'association de leur choix, qui leur donnerait ce qui leur manque le plus : l'accès à la vie sociale.

La nouvelle citoyenneté suppose aussi une économie de participation qui parie sur l'homme.

Aujourd'hui développement économique et intégration sociale, économie et société, intérêt des entreprises et intérêt des Français sont parfois présentés comme contradictoires. C'est tout à fait faux. Nous sommes entrés dans un monde où l'accumulation du capital productif, la prouesse technologique ne sauraient garantir à elles seules la compétitivité. L'organisation du travail compte tout autant. Or celle-ci, pour être efficace, requiert la motivation, l'imagination, le sens des responsabilités des salariés, c'est-à-dire leur participation au projet de l'entreprise. L'objectif est simple : transformer nos entreprises de sociétés anonymes en sociétés à responsabilités partagées. C'est d'abord une affaire d'état d'esprit.

La participation, c'est une double démarche :

– D'abord, associer le salarié à la gestion et à la vie de l'entreprise, qu'il s'agisse des possibilités de s'exprimer, du droit d'être informé ou d'être partie prenante, dans certaines conditions, aux instances de direction de sa société. Nombreux sont les chefs d'entreprise qui d'ores et déjà font tout pour valoriser et responsabiliser leur personnel via les cercles de qualité ou les groupes de progrès. Mais, au-delà de la gestion, je souhaite que soit reconnue au salarié la possibilité de négocier les nouvelles organisations du travail. Celles-là mêmes dont dépendent en définitive l'efficacité de l'entreprise, la création de richesses et son propre sort. Il serait intéressant et fécond d'imaginer des formes nouvelles de négociation globale. En échange d'avantages pour l'entreprise, par exemple une plus grande souplesse des horaires, seraient consenties, au delà des compensations de court terme, des contreparties à long terme : organisation qualifiante, formation et requalification des salariés plus anciens, participation à l'accueil en entreprise des jeunes ou encore des exclus. Le moment venu, la puissance publique devra inciter ces négociations d'un nouveau type.

– Deuxième démarche : associer le salarié aux résultats et au développement de son entreprise. Des mécanismes existent. Allons plus loin en inventant de nouveaux instruments, afin d'attribuer aux salariés une fraction de la richesse supplémentaire qu'ils ont contribué à créer. Le compte-épargne-temps va dans la bonne direction. Pourquoi ne pas imaginer un compte-épargne retraite qui permette aux salariés, dans le secteur privé comme dans la fonction publique, de se constituer une retraite complémentaire ?

Dans les années 80 l'entreprise s'est vue justement reconnaître des mérites et des droits. Elle doit aujourd'hui assumer ses devoirs. C'est cela "l'entreprise-citoyenne".

Je sais, la participation est déjà un vieux

mot. Pour l'avoir beaucoup entendu, on croit parfois la chose réalisée, et dépassée. En réalité, rien n'est plus moderne et plus révolutionnaire en termes de rapports politiques et sociaux que d'aller au bout de la logique participative.

Si nous voulons que soit revivifié le pacte de fraternité entre les Français, et le pacte de citoyenneté entre les Français et la France, il nous faut une société ou chacun accepte et reconnaisse l'autre.

L'Est est notre
nouvelle frontière...
Que l'Europe forge
son identité !

Quarante ans de construction européenne ! Et pourtant, la tentation du repli sur soi n'a jamais été aussi grande. L'Europe de la croissance et du plein emploi est devenue celle de la crise et du chômage. Allemands et Français s'efforcent de maintenir une relation privilégiée. D'où vient qu'elle ne semble plus assez forte pour tirer l'équipage ? Là où le communisme s'est effondré, à l'Est du continent, le vent de l'histoire a réveillé de vieilles haines qui, faute d'avoir été maîtrisées à temps, engendrent drames et instabilité.

Pendant des siècles, l'Europe a dominé le monde, imposé son modèle politique, régné sur les sciences et les arts. Aujourd'hui, elle parait lasse et désenchantée.

Ses peuples et leurs dirigeants auront-ils la force de réagir et d'enrayer le déclin ? Les faiblesses de l'Europe sont évidentes.

Une population qui vieillit, avec toutes les conséquences que cela entraîne pour la vitalité de nos nations, la survie de leurs systèmes sociaux, leurs possibilités d'intégration et de défense face à un Sud prolifique.

Moins de capacité à innover, comme en témoigne l'insuffisance de sa recherche scientifique ou des brevets déposés par ses entreprises.

Des systèmes de protection sociale sans équivalent dans le monde, mais qui pèsent sur la compétitivité de nos produits et de nos services dans un marché mondial de plus en plus libéré.

Une vulnérabilité, enfin, à l'influence américaine, qui imprégne nos cultures nationales, au point qu'on peut s'interroger sur leur survie.

Et alors ?

Alors, parce que j'ai participé, à divers postes de responsabilité, à plusieurs phases de la construction européenne, j'ai trois convictions simples :

– Le salut des nations européennes est dans le regroupement de leurs forces et de leurs capacités, dans la mise en commun de leurs atouts qui restent considérables.

– Ce regroupement ne peut obéir à des idées et des formules préconçues. Le poids de l'histoire, les contraintes de la géographie sont tels que nous n'avons pas de modèles auxquels nous référer.

– Sans entente entre Français et Allemands rien de solide ne peut être bâti. Leur engagement et leur exemple sont nécessaires pour surmonter l'indifférence ou les réticences.

Nous pouvons être satisfaits de ce qui a été accompli pendant cette période de quarante ans. Mais avec la fin de la guerre froide nous devons affronter un autre monde. Le temps est venu pour l'Europe de se retrouver, d'affirmer plus nettement son identité à l'égard du reste de la planète, de démocratiser ses institutions. Et pour la

France d'être au coeur de ce renouveau et d'y affirmer, une fois encore, son caractère, cette "vertu des temps difficiles".

L'Est est notre nouvelle frontière. Au moment précis où les anciennes républiques populaires renouent avec la liberté, l'Europe ne saurait se contenter d'être un club de privilégiés condamnant une partie des membres de la famille européenne à faire antichambre. Ne substituons pas au mur de Berlin celui de l'égoïsme. Entendons l'appel de ces pays toujours hantés par la crainte du totalitarisme. L'Union européenne doit s'ouvrir à tous les pays du continent européen, à condition, bien sûr, qu'ils aient adopté la démocratie et l'économie de marché et qu'ils manifestent la volonté de participer à l'aventure commune. C'est aussi notre intérêt. Comme l'a dit Vaclav Havel à Strasbourg : "Seul un naïf n'ayant pas tiré d'enseignement des mille ans d'histoire européenne peut croire que le calme, la paix et la prospérité peuvent fleurir durablement dans une seule partie de l'Europe."

Il est vrai qu'il faudra du temps à ces pays pour échapper aux séquelles du communisme et rapprocher leurs économies et leurs comportements des nôtres. Des phases transitoires sans doute longues devront être prévues. Mais rien ne nous empêche de les associer sans attendre, comme ils le demandent d'ailleurs, à l'union politique. Leur participation ne pourra qu'enrichir le débat en matière de sécurité, de culture, de relations avec les pays de l'ex-URSS. Elle est de plus en plus nécessaire pour traiter à l'échelle du continent les questions d'environnement. Même si le fonctionnement de l'Union pouvait s'en trouver compliqué -et le serait-il vraiment ?- nous ferions le geste qui touche les coeurs et nous renforcerions la stabilité de ces pays et de l'Europe, en désamorçant les désillusions et les rancoeurs que l'on voit poindre.

Et puis, que l'Europe ose enfin être elle-même en exprimant ses ambitions et en défendant ses intérêts, sans arrogance mais sans complexe !

C'est vrai dans le domaine économique, où la marche vers la monnaie unique ne peut être considérée comme un objectif réaliste et suffisant à court terme. La priorité est double : relancer les investissements par l'abaissement des taux d'intérêt, quelles que soient les réticences allemandes. Initier, grâce à l'emprunt, un vaste programme d'infrastructures et de recherches.

Mais il faut également nous protéger et obtenir que le commerce international obéisse à des règles respectées de tous, qui garantissent l'équité et la loyauté de la concurrence entre les nations. Si l'échange restait inégal, l'Europe, ouverte à tous les vents, risquerait de s'épuiser et de se diluer. C'est tout le sens de l'Organisation mondiale du commerce que j'ai appelé de mes vœux.

C'est aussi pourquoi la préférence communautaire est indissociable de la construction de l'Europe.

C'est vrai aussi dans le domaine de la défense. Une refonte de l'Alliance Atlantique est nécessaire. Les Américains eux-mêmes, pour autant que leurs intentions soient claires, encouragent maintenant la constitution d'un pôle européen de défense. Hormis le cas, improbable, d'une attaque délibérée et signée d'une puissance extérieure contre la zone OTAN, ils seront de plus en plus réticents à s'impliquer militairement à l'extérieur.

Aux Européens donc de prendre leurs responsabilités et d'organiser leur défense, certes en étroite coordination avec les États-Unis, mais avec une capacité propre. Le veulent-ils malgré les leçons du drame Yougoslave ? La Grande-Bretagne a encore de bons moyens d'interventions, mais elle continue d'hésiter entre une Amérique qui s'éloigne et une Europe où elle craint de prendre trop d'engagements. L'Allemagne, préoccupée par sa réunification interne, n'a toujours pas ouvert le débat national sur son rôle futur en Europe et dans le monde. Elle reste cependant la première force conventionnelle du continent. L'Espagne et l'Italie, inquiètes comme la France face aux crises du Sud, n'ont guère de grands

desseins stratégiques qui leur soient propres. Dans ce contexte, la France a une double responsabilité : maintenir, moderniser et perfectionner ses capacités de défense, conventionnelles et nucléaires ; secouer l'apathie des Européens et pousser sans dogmatisme à un regroupement intelligent de leurs forces. Commençons par exemple par une meilleure coordination des budgets de défense et des programmes d'armement, par le lancement de la force d'intervention dans le cadre de l'Union de l'Europe Occidentale en développant la brigade franco-allemande, par l'accélération du travail de l'UEO en matière de planification et de manoeuvres communes...
Bref marquons notre volonté d'assurer nous-mêmes, le cas échéant, une sécurité que personne n'assurera à notre place.

C'est vrai, enfin, dans le domaine de la culture.

L'Europe doit avoir confiance en elle, en sa propre originalité, en sa propre créativité. Nous avons trop tendance à penser que l'invention, la nouveauté, par exemple dans les domaines littéraire et artistique, ne peuvent venir que d'ailleurs, et notamment des États-Unis. La conscience même d'être Européen, le partage de certaines valeurs éthiques, politiques, une certaine conception de l'homme et de la société, le poids de notre histoire commune doivent irriguer notre discours culturel et fonder notre démarche créative. A charge, bien entendu, pour les gouvernements de soutenir nos écrits, nos images, nos industries par tous les moyens, en particulier par une fiscalité adaptée.

Il ne s'agit nullement, pour l'Europe de se dresser contre l'Amérique, mais tout simplement d'exister toujours davantage.
J'ai pour les États-Unis admiration et reconnaissance : ils ont combattu pour notre liberté. Mais gratitude n'est pas abdication.

Le système européen doit enfin se démocratiser. Je veux dire par là que les peuples en deviennent les acteurs principaux. C'est un point essentiel trop longtemps négligé. Il est apparu en pleine lumière lors du débat sur les accords de Maastricht. Les élites, qui avaient "tiré" pendant des années la construction européenne, se sont alors aperçues, avec stupeur, qu'elles n'étaient pas suivies par des citoyens hostiles, ou au mieux résignés. Cette Europe est apparue lointaine, contraignante dans ses réglementations, tout juste bonne à dispenser des subventions et manquant singulièrement de volonté et d'âme lorsque l'essentiel était en jeu, comme dans le conflit yougoslave. Comment recréer un intérêt pour une Europe qui ne serait pas seulement une bonne affaire pour quelques-uns ? Comment faire prendre conscience de l'enjeu : la création volontaire, pacifique, du plus grand espace politique démocratique du monde, à partir de vieux peuples perclus de divisions ?

Je rêve parfois à ce que pourrait être la rencontre de ces peuples dans des "États généraux de l'Europe", qui redonneraient l'élan et placeraient haut les ambitions... Et pourquoi pas à Versailles, d'où est partie cette révolution dont les ondes se sont étendues à tout le continent ? Ne serait-ce pas le prélude stimulant à la réforme institutionnelle promise pour 1996 que, pour ma part, je verrais s'organiser autour de quelques principes.

– Qu'on cesse de considérer que toute question peut être du ressort de l'Union. Le principe de subsidiarité a été inscrit dans le traité de Maastricht. Il doit être appliqué. Ne substituons pas une administration bruxelloise à une administration parisienne, que nous cherchons précisément à rapprocher des citoyens. L'Union a vocation à se préoccuper de l'essentiel. Par exemple, nous savons tous, depuis Tchernobyl, que la sécurité nucléaire à l'Est n'est pas assurée. Qu'attend l'Europe pour dépasser le stade des intentions et prendre des initiatives ? Si elle ne le fait pas, qui le fera ?

– Que l'Union s'attache davantage à définir des objectifs qu'à édicter des règles. Au plan européen comme au plan national, il faut réagir contre les réglementations proliférantes qui découragent et étouffent les initiatives.

– Qu'on cesse de vouloir tout harmoniser, tout uniformiser. Qu'on admette les différences qui sont la vie. Si certains États peuvent et veulent aller de l'avant, qu'ils le fassent sans être gênés ou ralentis par le reste du convoi, qui suivra plus tard, à son rythme. Une Europe à plusieurs vitesses dit-on ? Et pourquoi pas ?

– Que la Commission admette que le Conseil des ministres est seul détenteur d'une véritable légitimité politique.

Enfin que les Parlements, le Parlement européen et les Parlements nationaux, soient impliqués avec de réels pouvoirs dans l'élaboration de la loi qui ne peut plus être le résultat de compromis obscurs, négociés en dehors des représentants des citoyens.

Ainsi, nous donnerons toutes ses chances à une Europe élargie, démocratique, ambitieuse ; une Europe qui, pour exister, doit forger son identité. Le rôle de la France y sera déterminant.

L'esprit de conquête...

Encore une fois, notre pays a rendez-vous avec l'Histoire. Pourquoi un si grand mot, une formule si rebattue ? C'est simple : des bouleversements formidables viennent de contredire, en quelques années, quelques-unes des "vérités" sur lesquelles nous vivions depuis un demi-siècle.
Bousculée, l'idée de l'Europe, qu'on voulait construire avec une moitié de continent et une moitié d'Allemagne ! Bousculée, l'idée du progrès économique et social, qui ne résiste plus à l'affaiblissement durable de la croissance !

Tandis que les frontières s'ouvrent et que la parenthèse communiste se referme, parfois dans la douleur, la question est de savoir si notre pays peut être de ceux qui influenceront le siècle.
Rien n'est sûr, car nos pires ennemis sont en nous-mêmes.

Avons-nous jamais cessé de balancer entre une certaine passivité, une certaine résignation, et l'aspiration à autre chose, ce goût du panache si présent dans nos têtes comme dans nos Lettres ?
En période de crise, le découragement, le repli sur soi, la tendance à l'auto-dénigrement ne sont jamais loin. En même temps, portés par mille ans d'Histoire, conscients d'appartenir à une nation ancienne et respectée, ayant mené tant de combats pour la liberté, les Français restent au fond d'eux-mêmes exigeants pour leur patrie.
Ils ont raison. Si la France se contentait du statut de puissance moyenne, son avenir serait tout tracé. Elle perdrait ce qui lui reste d'influence pour devenir un pays satellite, dépendant de la croissance mondiale

pour son travail et de décisions extérieures pour sa sécurité.
Pour moi, telle que je la sens, telle que je la veux, la France se rassemble, se reprend, invente une nouvelle modernité. Sans rien trahir de ce qu'elle est. Avec une grande ambition, avec tous ses atouts en mains.

Le premier de ces atouts, c'est la démographie.

Parmi les grands pays d'Europe, la France est le plus fécond. Sans doute notre politique familiale, plus généreuse que celle de nos voisins, n'est-elle pas étrangère à cette vitalité.
Mais, en la matière, faire mieux n'est pas faire bien.

Depuis 1974, le chiffre de 2,1 enfants par femme, qui assure le renouvellement des générations, n'est plus atteint. L'an dernier, en 1993, nous sommes tombés au plancher, avec 710 000 naissances contre près de 900 000 trente ans plus tôt. C'est la population d'une ville qui a été perdue, comme si Toulon ou le Havre était rayée de la carte !

"L'hiver démographique", c'est cela : une population qui ne cesse de diminuer, même si une espérance de vie croissante au bout de la pyramide des âges, parvient encore à dissimuler ce phénomène. Déclin du mariage, instabilité des couples, développement de la contraception, place différente occupée par l'enfant, logements exigus, difficultés de concilier vie professionnelle et vie familiale, surtout pour les femmes, les explications à cet effondrement de la natalité ne manquent pas.

Un fait demeure : le lien direct qui existe entre la population d'un État et son rayonnement politique et économique. La France de Louis XIV, qui dominait l'Europe, était aussi à son apogée démographique. A peine concurrencée par la Russie sous Louis XV, la France napoléonienne précède encore ses rivaux militaires au début du XIXe siècle. Et sa langue, après avoir forgé les idées révolutionnaires et les Droits de l'Homme, reste très longtemps celle de la diplomatie.

La démographie, je le sais, n'est pas un thème porteur. Ses défenseurs font aisément figure de Cassandre, voire de "vieilles barbes". Et pourtant ! Deux évidences, simplement.

– La première, c'est que le vieillissement de notre population menace l'équilibre de notre protection sociale. Il pose le problème du financement de nos dépenses de santé et de nos régimes de retraite. Les actifs devront supporter toujours plus, tandis que les retraités recevront moins. Que de tensions entre générations en perspective !

– La deuxième, c'est que le recul de la natalité porte en germe la baisse de notre compétitivité. Innovation, progrès technologique, dynamisme économique sont inséparables de l'idée de jeunesse. Alors, peut-on renverser la tendance ? La Suède vient de nous montrer qu'une forte volonté politique peut changer les choses. Il faut nous en inspirer.

Le danger est d'autant plus grand que l'Asie

a pris une toute autre voie. Entraînée par sa vitalité démographique, cette région du monde est désormais le principal pôle de croissance de l'économie mondiale. Face à elle, l'Europe prend le risque de jouer demain les seconds rôles.

Méfions-nous donc de cette "révolution grise" qui menace l'ensemble de la société européenne. Notre démographie reste un atout. Ne le gâchons pas. Sachons inventer une politique pour les femmes, les hommes, les enfants, les familles d'aujourd'hui.

Le deuxième de nos atouts, c'est l'intelligence.

Clef de notre futur, la recherche fut, pendant toutes les années 1960, l'enfant chéri de la République.
Si nous évoquons encore l'épopée du nucléaire militaire et civil, l'aventure de l'espace, il ne faut pas oublier que, pendant cette décennie exceptionnelle, furent aussi créés et développés beaucoup de nos labo-

ratoires de recherche fondamentale, constituées de remarquables équipes scientifiques, recrutés et formés de nombreux jeunes chercheurs. Les Prix Nobel d'aujourd'hui sont nés, scientifiquement parlant, à cette époque.

La France conserve une position favorable dans le peloton de tête des grands pays scientifiques. Mais, soyons lucides, nous vivons, en grande partie, sur les acquis du passé. L'énergie emmagasinée nous porte encore, mais elle diminue chaque jour. Non que la qualité des hommes nous fasse défaut. Bien au contraire. Mais il a manqué une volonté politique forte, exprimée par des choix scientifiques clairs, comprise et soutenue par l'ensemble de la Nation. Il a manqué une cohérence d'ensemble liant intentions politiques, choix démocratiques, stratégie scientifique et industrielle, répartition des moyens, adhésion des Français.

Face à nous, face à l'Europe, les États-Unis et le Japon ont compris que la recherche, au sens de création de connaissances originales, la technologie, qui est la mise au point de procédés, produits et concepts nouveaux, et l'industrie, qui permet l'exploitation commerciale de ces innovations, constituent, ensemble, l'arme stratégique du pouvoir économique moderne.

Quoi de plus urgent, donc, que de redéfinir les objectifs de la recherche française, de clarifier les activités respectives des organismes de recherche publics et privés, civils et militaires, de vivifier le partenariat avec toutes les entreprises, d'encourager la mobilité des chercheurs, d'adopter des modes de gestion moins bureaucratiques, d'explorer des formes de financement novatrices, comme par exemple le financement bancaire de la recherche appliquée.
Ce vaste réexamen doit s'appuyer sur deux dialogues forts. Le premier l'éclaire, le second le rend légitime. Tous deux sont des instruments essentiels de cohérence.

Le premier est le dialogue entre le monde politique et le monde scientifique. Chacun de ces deux mondes a ses critères de jugement, son langage, son rapport au temps. Les réconcilier peu à peu permettra aux hommes politiques de mieux choisir et de mieux décider, et pas uniquement en matière de politique scientifique, et aux scientifiques de toutes les disciplines de se sentir acteurs vrais de l'avenir de notre pays. Le lien doit être rétabli entre ceux qui savent et ceux qui décident.

Le second est le dialogue entre les scientifiques et les citoyens. Aux scientifiques, ou du moins à certains d'entre eux, par un travail pédagogique dont je ne méconnais pas la difficulté, de rendre la science plus accessible à chacun. A ce prix la fracture intellectuelle entre une élite sophistiquée et l'ensemble du corps social pourra être résorbée. Et elle doit l'être rapidement car elle est grosse de tensions graves. A ce prix aussi, chaque Français pourra mieux mesurer les enjeux de la politique scientifique, et aussi les risques qui, inévitablement, accompagnent tout progrès technologique. Comprenant mieux les choix, il les portera plus résolument.

C'est en instaurant ce double dialogue que

se créera une synergie entre la science, le politique et la société. Nous aurons alors les moyens de notre recherche, c'est-à-dire, les moyens de jouer notre carte dans la guerre économique que se livrent les grandes nations.

Le troisième de ces atouts, c'est l'entreprise.

Je connais et j'apprécie le formidable potentiel de nos grands groupes industriels et de service, ainsi que leur volonté et leur aptitude à s'investir dans de grandes aventures. Mais je voudrais insister ici sur une singularité de notre pays : la place occupée par les petites et moyennes entreprises. Près de 6 emplois sur 10, plus de 50 % de la richesse nationale, une part irremplaçable de nos exportations. C'est peu dire qu'elles forment la colonne vertébrale de notre économie.

Les années 80 ont vu, contre toute attente, la réhabilitation de l'entreprise. Reste à réhabiliter l'entrepreneur, et d'abord ces chefs anonymes de PME qui, tous les jours,

prennent le risque d'investir, d'innover, d'embaucher, d'exporter.
A retenir, au nombre des progrès, le vote récent de la loi sur l'entreprise individuelle. Modification du statut de l'entrepreneur et de son conjoint, principe du guichet unique, simplification des règles comptables : autant de dispositions qui libèrent l'initiative économique.

Telle est la voie à suivre.

Changer la donne, sur le terrain, au profit des entreprises, n'est pas si difficile. L'entrepreneur, parce qu'il remplit une mission d'intérêt général, doit être soutenu par les services publics, et non entravé. Comme on l'a fait en 1987 à propos de la fiscalité des ménages, il est urgent de renverser la charge de la preuve entre l'administration et les entreprises afin de présumer leur bon droit. Il n'est plus possible de prendre des mesures administratives ou réglementaires sans mesurer leurs conséquences sur la vie des P.M.E. En matière d'environnement, l'on procède systématiquement à des "études d'impact". De telles études doivent devenir la règle. Ne laissons pas l'administration charger inutilement la barque des entreprises !

Le rêve d'un Français sur quatre est, dit-on, de créer son entreprise. Aidons le à faire de ce rêve une réalité. Pourquoi ne pas concevoir un statut de l'entrepreneur individuel, comportant une séparation stricte des patrimoines personnels et professionnels, une protection sociale mieux assurée et des conditions privilégiées de financement ? Pourquoi ne pas modifier la fiscalité anachronique et confiscatoire sur les transmissions d'entreprise ? L'entreprise nouvelle ne peut rester l'aventure d'un homme seul, aussi motivé soit-il. Prévoyons donc un régime d'épargne de proximité, direct ou à travers un club d'investissements, en faveur des petites entreprises. Sait-on qu'en marge des 2 000 entreprises cotées en bourse, il existe 1,7 million d'entreprises individuelles et plus de 2 millions de PME, souvent dépourvues de fonds propres et peu soutenues par les banques ? La modernisation du financement de notre économie, amorcée dans les années 80, est restée inachevée. Il faut désormais la conduire à son terme.

Le quatrième de ces atouts, c'est l'espace.

La France doit sa différence au moins autant à sa géographie qu'à son histoire. A sa terre et à ses mers autant qu'aux événements qui l'ont peu à peu constituée en nation. La diversité de notre territoire ne reste-t-elle pas l'une de nos meilleures chances ?

L'on me sait très attaché à l'idée d'une agriculture puissante et moderne, matrice d'une industrie agro-alimentaire forte. Notre avenir se joue aussi sur ce terrain. Notre emploi, notre richesse, notre influence dans le monde en dépendent pour une part, de même que notre équilibre, nos valeurs, une certaine façon de vivre en France.

"L'agriculture, c'est dépassé". "Nous n'avons pas besoin de paysans, mais de conservateurs du paysage". Voilà ce que l'on peut lire, ici ou là. Un Français sur cinq trouve son emploi dans la filière agricole et agro-alimentaire, mais qu'importe ! L'air du temps n'est pas favorable aux paysans.

Essayons de voir plus loin. Ne restons pas prisonniers de la vision malthusienne qui a inspiré la réforme de la politique agricole commune et qui a conduit l'Europe à réduire ses parts sur le marché mondial des produits alimentaires.

Qui ne voit que l'immense Asie, en développement rapide, et l'Amérique Latine, deviennent chaque jour davantage des clients importants et solvables.

Qui ne voit que l'Afrique est, hélas, condamnée à devoir bénéficier de programmes croissants de fournitures de denrées alimentaires que la communauté internationale devra bien prendre en charge ?

Qui ne voit que les problèmes nutritionnels pèseront lourd sur les relations diplomatiques des prochaines décennies sous le regard d'opinions publiques qui n'accepteront plus la division de notre planète en deux mondes : celui de l'abondance alimentaire, où l'on gèle artificiellement une partie du potentiel de production, et celui du plus grand dénuement où des milliards (3 ou 4 dans 25 ans ?) d'adultes et d'enfants meurent de faim ?

Le risque, pour l'Europe et pour la France, c'est de se laisser mettre hors-jeu dans cette partie de bras de fer où intérêts économiques, politiques et stratégiques sont étroitement mêlés. Ce serait une lourde erreur, et une faute.

Autre enjeu à ne pas sous-estimer : les débouchés industriels de l'agriculture. Après le temps du charbon, du pétrole et de l'électricité, arrive le temps des biotechnologies et de l'essor de l'agrochimie. Cette évolution s'inscrit d'ailleurs dans nos préoccupations en matière d'environnement, notamment dans les domaines de l'énergie, celui des bio-carburants et des produits biodégradables. Elle justifie un effort important de recherche et d'incitation à l'investissement.

Enfin, l'agriculture doit remplir sa fonction d'occupation et de mise en valeur de l'espace rural. L'idée que l'activité agricole devrait se concentrer demain sur une faible partie de notre territoire, en fonction des seules lois économiques européennes, est évidemment incompatible avec l'idée que nous nous faisons de notre terroir.

Il nous faut donc une nouvelle politique, ouvrant notre agriculture sur le monde comme le Général de Gaulle l'avait, en 1960, ouverte sur l'Europe. Diminuer les charges fiscales, financières et sociales qui pèsent sur l'exploitation, afin de rendre nos productions compétitives sur le marché mondial. Définir un statut moderne de l'entreprise agricole. Dissocier le patrimoine familial du patrimoine professionnel et mieux distinguer les revenus du travail et du capital. Réactualiser l'ensemble de nos aides à l'installation des jeunes. Revoir le niveau et la finalité de nos aides compensatrices de handicaps naturels, afin d'en accroître l'efficacité. Voilà les chemins à explorer.

Ce que je propose, c'est un véritable contrat

entre la Nation et ses paysans. Il y va, pour une part importante, de la place et du rayonnement de la France dans le monde. Il y va de l'aménagement et de l'harmonie de notre territoire. Il y va, aussi, d'un certain art de vivre.

Ce qui vaut pour notre espace rural, vaut pour notre espace maritime.
La péninsule européenne, dont la France est l'occident, n'est pas seulement un jardin soigneusement cultivé. C'est aussi un domaine maritime d'où sont partis les plus audacieux de nos ancêtres à la conquête d'autres terres, auxquelles ils apportaient, pour le meilleur et parfois pour le pire, leur vision de l'homme et de la société. Victime d'une étrange amnésie, notre pays, en quelques décennies, a oublié les moments d'Histoire qu'il doit à Jacques Cartier, à Jean Bart, à Dugay-Trouin, à Suffren, à Surcouf. L'effondrement de notre marine marchande, reléguée en vingt ans du 5e au 28e rang mondial, la difficile mutation de nos chantiers de construction navale, la baisse d'activité de nos grands ports, très récem-

ment la crise dramatique de la pêche : autant de signes du déclin de notre puissance maritime.
Les marins du pays bigouden en révolte contre la chute des cours du poisson exprimaient un profond malaise. Comment expliquer qu'un pays riche de 5 500 kilomètres de côtes et d'un accès à tous les océans grâce à ses départements et territoires d'outre-mer, ait renoncé à exploiter son trésor maritime ?
La mer n'est pas seulement le lieu où quelques dizaines de milliers de pêcheurs exercent leur métier. C'est encore un réservoir de matières premières sans pareil ; c'est le siège de notre force océanique stratégique, l'un des piliers de notre capacité de défense ; c'est un argument économique majeur fondé sur la part croissante du transport maritime dans le coût des produits. C'est enfin le paysage du tiers de la population française, qui vit dans les départements du littoral, en métropole ou Outre-Mer.

Les Français aiment la mer, ils la connaissent mal. C'est peut-être pour cela que les gouvernements successifs n'ont pas eu l'idée de doter la France d'une politique maritime ambitieuse et cohérente. Ambitieuse, car elle doit être définie au plus haut niveau de l'État, comme "politique de grandeur" au sens où de Gaulle l'entendait. Cohérente, car elle doit garder une approche d'ensemble, tant les secteurs et les acteurs sont variés et solidaires.

Notre marine nationale ne disposera pas des moyens adaptés à ses missions sans une construction navale plus compétitive. Notre marine marchande ne retrouvera pas son rang tant que nos ports de commerce ne seront pas modernisés et que nous ne parviendrons pas à imposer, à l'échelle internationale, un minimum de règles de sécurité et de contrôle du transport en mer. Notre marine de pêche ne subsistera que si une nouvelle organisation, fondée sur la préférence communautaire, assure aux travailleurs de la mer un revenu compatible avec leur dignité d'hommes. Il n'est jusqu'à la marine de plaisance et plus généralement les activités de tourisme qui ne soient

tributaires d'une politique intelligente de protection du littoral. Encore une fois, cohérence et volonté sont indispensables.
La France est dépourvue de matières premières ? Peut-être. Mais qui ne voit que les "trésors" français gisent à nos pieds ? Encore faut-il les exploiter.

Dernier de nos atouts, et non des moindres, notre langue et nos capacités créatives.

La France, c'est aussi une langue, complexe, savoureuse, diverse, à la fois moule et expression de notre psychologie collective, vecteur privilégié de notre culture.

J'approuve le gouvernement qui veut protéger notre langue, et lui redonner droit de cité là où tend à se propager un sabir franglais. Mais, comme l'univers, une langue doit être en expansion continue. Le français, jadis langue diplomatique, langue des Lumières qui ont éclairé notre continent au XVIIIe siècle, doit être enseigné dans toute l'Europe. Cela suppose d'abord que la France obtienne de l'Union européenne qu'elle institue l'obligation d'apprendre à chacun de ses enfants, dès le plus jeune âge, deux langues étrangères. C'est un progrès culturel favorable à la cohésion européenne. C'est le moyen le plus efficace de réimplanter le français qui, après l'anglais sera la langue généralement choisie, sur un continent qui reste l'un des principaux creusets intellectuels et économiques du monde. Cela suppose aussi une fluidité bien plus grande entre nos universités d'Europe, des échanges bien plus nombreux entre nos professeurs et nos étudiants. Il y a plusieurs façons de servir la francophonie. Entretenir la flamme dans toutes les régions du monde où notre langue est parlée est très important. Faire en sorte qu'elle soit pratiquée et comprise de tous nos voisins l'est tout autant.

Ne nous leurrons pas. Notre littérature est peut-être, comme on le lit parfois, trop hexagonale, trop intimiste, trop psychologique pour s'exporter aisément. Mais je crois qu'elle saurait se frayer un chemin si notre langue dépassait davantage nos frontières. Déjà, notre cinéma a imposé son originalité, son ton, et occupe l'une des premières places en Europe. Notre peinture, notre sculpture, notre musique contemporaine ont une existence forte. Nous avons, depuis les rois de France, une grande tradition de mécénat d'État. Contrairement à ce qui se passe ailleurs, un ministère de la Culture soutient la création, passe des commandes, travaille à l'irrigation culturelle de notre territoire, s'efforce de construire l'Europe de la culture qui aurait dû précéder l'Europe des marchands. Nous avons en main tous les moyens de notre rayonnement, dont le moindre n'est pas l'acquiescement de tous les dirigeants politiques et de l'ensemble de notre peuple à l'importance de l'enjeu culturel, comme nous l'avons vu lors des récentes négociations du GATT. Ayons donc confiance.

Cessons de faire des complexes, et utilisons nos atouts !

La maîtrise du changement...

Dans un monde où tout change très vite, dans une Europe en crise, au terme d'un septennat immobile, la France, nous l'avons vu, présente les signes d'une société dangereusement éclatée, assistée et d'une certaine façon, démotivée.

Certes, depuis un an, notre pays est gouverné avec sagesse et je n'imagine pas que les pouvoirs publics puissent faire beaucoup mieux en période de cohabitation. Un certain redressement est perceptible, mais le mal reste profond.

L'essoufflement de notre société vient de ce que nous avons mal apprécié les changements des mentalités et ceux de notre environnement. Il vient de ce que les outils dont nous disposons pour faire face aux difficultés actuelles ont été forgés en un temps de plein emploi, de croissance et d'inflation et qu'ils se trouvent à présent inadaptés, requérant de grands efforts pour de piètres résultats. Il vient enfin de la complication croissante des règles publiques sous le double effet de la multiplication des pôles de décision - de la commune à l'Europe en passant par l'État - et de la montée en puissance des technostructures administratives.

Les solutions sont en nous mêmes.

L'état de la France appelle de vrais changements. Face au conservatisme ambiant, ces changements trouveront leur inspiration dans le peuple. La "base" doit en être le fer de lance. Les élites n'ont pas seules la faculté de les concevoir et de les mettre en oeuvre. Ne sous-estimons pas l'importance du débat public en temps de crise. La démocratie représentative, le dialogue avec les syndicats, pour nécessaires qu'ils soient, ne sont plus suffisants pour convaincre et entraîner des citoyens qui ne se sentent plus, autant que par le passé, représentés par le gouvernement, le Parlement, les partis ou les syndicats. Si nos élites ne s'entendent qu'entre elles et avec leurs experts, elles risquent fort de passer à côté du citoyen. Craignons qu'à défaut d'un peu plus de démocratie directe leur donnant le sentiment que les responsables sont davantage à leur écoute, les Français ne s'enlisent dans le doute. Alors gare au sauveur populiste qui établira un contact intuitif avec un peuple déboussolé.

Je tire de mes rencontres, en province comme à Paris, le sentiment que les Français, qui éprouvent un besoin profond de réformes, en acceptent les contraintes pour peu que ces réformes soient simples, qu'elles apparaissent efficaces, que le fardeau soit équitablement réparti et que les plus faibles soient protégés.
Ce changement, si nécessaire, doit être

pensé, mûri. Il doit être offert et discuté. Une fois clairement exposé et accepté, il doit être mis en oeuvre rapidement, et le politique doit engager sa responsabilité sur les résultats. Les Français d'ailleurs nous laisseraient-ils le choix ? Désabusés par les patenôtres, excédés par les promesses non tenues, minés par l'anxiété, ils pourraient bien nous retourner cet avertissement de Napoléon à ses généraux : "Je suis prêt à vous donner tout ce que vous voudrez, sauf du temps".

Il nous faudra clairvoyance et courage. Lorsque la prudence est partout, le courage n'est nulle part. Roosevelt le disait face à la crise : "La seule chose que nous devons craindre est la crainte elle-même". Rien ne pourra changer si ne se réveille en chacun de nous l'esprit de conquête. Lorsque le Général de Gaulle créait la sécurité sociale, donnait le droit de vote aux femmes, inventait la participation, lorsqu'il assurait le redressement économique et politique du pays, il prolongeait une longue tradition française d'audace, d'efficacité, de générosité, qu'il nous appartient de poursuivre.

Notre ambition est bien définie : solidarité et cohésion nationale. L'esprit de conquête et le progrès social ont la priorité. Le reste suivra. Dans quelques mois, notre peuple aura l'occasion de choisir, de se prononcer sur la nature, l'importance, le rythme du changement. Je souhaite que la prochaine élection présidentielle permette d'ouvrir un vrai et grand débat d'idées effaçant, pour une fois, les sempiternelles rivalités de personnes.

Les Français auraient tort de croire qu'ils sont l'objet d'une malédiction. Ils restent maîtres de leur destin. Des objectifs clairs, propres à les rendre fiers d'être Français, sont à leur portée et ils ont les moyens de les atteindre. Bâtir une nouvelle France ne souffre plus d'attendre. Au premier rang des bâtisseurs se trouvent les jeunes nés après 1968. Nous leur donnerons leur chance et je leur fais confiance.

Achevé d'imprimer en juin 1994
N° d'édition 94/PE/30 - N° d'impression 6673 J-5
Dépôt légal juin 1994
Imprimé en CEE

ISBN 2-84111-011-7